JN238881

American Management Association
Business Boot Camp
Edited by Edward T. Reilly

アメリカの「管理職の基本」を学ぶ

マネジメントの教科書

成果を生み出す人間関係のスキル

エドワード・T・ライリー│編
渡部典子│訳

ダイヤモンド社

AMA BUSINESS BOOT CAMP
Edited by Edward T. Reilly

Copyright © 2013 American Management Association.
Published by AMACOM, a division of the American Management Association, International, New York.
All rights reserved.

Japanese translation rights arranged with AMACOM,
a division of the American Management Association, International, New York
through Tuttle-Mori Agency, Inc. Tokyo

はじめに

　AMA（アメリカンマネジメントアソシエーション）は90年間にわたって、キャリアを通じたマネジャーとリーダーの育成に携わってきました。ＡＭＡの専門スキル開発力を支える優秀な教員や著者の協力を得て、労を惜しまずに開発してきたセミナー、ワークショップ、書籍は、世界中の何百万人ものマネジャーやリーダーに活用されてきました。

　現在では、160以上のセミナー、書籍、オンラインセミナー、ニュースレターなどを通じて、スキルを習得してさらに成長したいと考える意欲的なマネジャーに、豊富な情報を提供しています。また、世界中の企業のために、プログラムのカスタマイズも行っており、私たちが持つ知見、経験、コンテンツを、それぞれの事業や実態と直接結びつけることによって、それらの企業がより効率的に成果を出せるように支援しています。

　アメリカや世界の産業界は、重要な時期を迎えています。2008年の金融危機によって生じた経済課題は多くの混乱を招き、その影響はさらにこの先何年にもおよぶことでしょう。私たちはこれまでにも増して、基本に立ち返って学び直し、スキル向上に励む必要があります。実践においてミスが許されない状況に直面していますが、AMAや提供するリソースを、個人や組織のスキルの活性化にぜひお役立てください。

　AMAをまだ知らない人々にとって、本書がマネジメントとリーダーシップの原則を効果的、効率的に学ぶためのイントロダクションとなり、それをきっかけに組織的なスキルが開発されることを私は望んでいます。読者が、社会の繁栄や安定に欠かせない経済活力の向上のために、今以上の大きな貢献を果たされることを願ってやみません。

　本書で紹介する原則を、すでに知っているという人もいるかもしれません。しかし、マネジャーやリーダーには、部下や日々のプロセスを主

導して管理するために、実に多くの原則を理解して使いこなしていくことが求められます。日々直面する課題に取り組む際に、それらの原則を思い出し、正しく実行できているかどうかをチェックするためのツールとして、本書を活用していただければ幸いです。

　ピーター・ドラッカーが述べているように、マネジメントはアートや科学ではなく、実践なのです。

　すべてのAMAのサービスと同じく、本書が読者のみなさんのキャリア開発や成長に役立つことを願ってやみません。

アメリカンマネジメントアソシエーション
社長兼CEO
エドワード・T・ライリー

日本の読者のためのまえがき

なぜ現場主義のマネジメントの教科書が生まれたか

　アメリカ企業のマネジャーといえば、MBAをはじめとするハイレベルな学位を持つ高学歴エリートのイメージが強いのではないでしょうか。確かにアメリカでは、日本と比べて大学院卒以上のマネジャーの割合が高いのは事実です。しかし、調べてみると、全マネジャーのうち、高学歴エリートの割合は、2割に至らないことがわかります。

　では、残りの8割以上のアメリカの"普通の"管理職は、マネジメントやリーダーシップをどのように学ぶのでしょうか。その答えの1つが本書です。

　本書の原題は「AMA Business Boot Camp」(「AMAのビジネス新兵訓練」といった意味合い)です。AMAは、世界最古、最大のマネジメント研修機関であるアメリカンマネジメントアソシエーション(American Management Association)の略称です。本書は、AMAが90年にわたって蓄積してきた無数の「新任の管理職」向け研修の知見を、『マネジメントの教科書』として凝縮させたものなのです。ここには、マネジメントのセオリーも簡潔に整理されていますが、主には泥臭い現場のスキル、人間関係のノウハウが詰まっています。

日本企業のマネジャーにも共通する課題

　アメリカの管理職が学ぶスキルを日本人のビジネスパーソンが学んだからといって、何の役に立つのだろうか。日本企業の実情とは異なるのではないか。そう思いつつ、この本を手に取った方も大勢いらっしゃることでしょう。

　しかし本書を読むと、マネジャーが他の人々とのコミュニケーションを通してビジネスで成果を出そうとするときに直面する課題は、洋の東西を問わず、共通するものが多いことに気づかされます。

本書がカバーしている内容からは、上司と部下の狭間でそれぞれの異なる期待に応えようともがき、会議やプロジェクトを円滑に進めるために四苦八苦し、適任者の採用や定着に悩む、等身大の実務家の姿が浮かび上がってきます。それに対し、研究者やコンサルタントの概念的な教えではなく、より親しみやすく、現場でも利用しやすいアドバイスが実務家の目線で紹介されています。

　もちろん、自社の事情や自分が置かれた環境とは少し遠いと感じられる箇所もあるでしょう。しかし、グローバル化の進展とともに、多くの日本企業の活躍の場は世界へと広がっています。多民族国家であり、グローバル化でも先行してきたアメリカ企業の知見は、日本の実務家にもきっと参考になるはずです。

　ところで、アメリカでは、人材育成研修やコンサルティング活動を行う組織として広く知られているAMAですが、残念ながら日本では、一部の人材育成関係者を除けば、知名度はそれほど高くありません。そこで、本書を理解していただくうえでも、AMAについて少しだけ紹介させていただきます。

AMAの歩み

　AMAが発足したのは1923年のことです。アメリカのビジネスリーダーたちが情報交換のために集まったのがきっかけでした。当時は研修というよりも、実務の現場で抱えている共通の悩みについて相談する、いわば社交の場でした。

　その後、NPO組織として、ビジネスリーダーを対象にカンファレンスを開催するようになります。1929年の世界大恐慌や第二次世界大戦の際にアメリカ政府から助言を求められるなど、AMAはその存在感を強め、政財界で一目置かれるようになったのです。

　1949年にはワークショップ形式を導入しました。特定のスピーカーが一方通行的に情報を伝えるかたちではなく、多様な産業や企業の人々が話し合い、それぞれの経験や知見を共有し、異なる考え方や文化に触

れる、相互学習に重きを置くことを目指したからです。1950年代、実務家向けの研修として「AMAマネジメントコース」を開始しますが、ここでもワークショップ方式がとられました。このスタイルは現在も引き継がれており、世界各地で行われるAMAの研修の1つの特徴となっています。

1961年、ベルギーにヨーロッパ拠点MCE（Management Centre Europe）が設立されたのを皮切りに、国際展開も進めていきます。AMAは、世界各地のネットワークをつなげて、アメリカだけでなく、世界に人材育成情報を発信できる体制をいち早く整えていったのです。

1993年、当時MCEで活躍していたピーター・ドラッカーなどの協力も得て、AMA日本支社が開設されます。米欧日の三極に加え、最近では中国、韓国、シンガポール、マレーシア、タイなどのアジア各国でも、AMAのプログラムが提供されるようになりました。

2008年以降、ポッドキャスト、ウェブキャストなどでの情報発信にも力を入れてきました。従来のカンファレンスやワークショップを越えて、オンラインのライブ講座、チャット形式の質疑応答、Eラーニングなど、IT技術を駆使したさまざまなプログラムを開発し、さらに進化を遂げています。

実務家による、実務家のためのプログラム

AMAは現在、リーダーシップ、マネジメント、コミュニケーション、営業、マーケティングなど、160以上のプログラムを提供しており、その充実度は世界のトップクラスにあります。

これらのコンテンツの開発は、実務家で構成されるカウンシル（委員会）が担っています。クライアントである企業の人材育成担当にも参加してもらい、各分野の課題を吸い上げ、プログラムに落とし込むのです。アカデミックな内容にとどまらない、実務の現場から生まれた実践的なコンテンツであることは、AMAのプログラムの大きな特徴であり、本書のいたるところにもそれが表れています。

当然ながら、AMAが提供する研修の講師は実務家が中心です。ちなみに、アメリカでAMAの講師を募集すると、毎回何百人もの応募があります。多くても年間新たに50名程度しか選ばれない狭き門ですが、名刺にAMA講師と書けることは、アメリカの実務家にとって大いにステータス・シンボルとなるのです。

　一方、AMAのカンファレンスやウェブのプログラムには、ピーター・ドラッカー、マーケティングのフィリップ・コトラーをはじめ、組織研究の第一人者チャールズ・ハンディ、『戦略サファリ』のヘンリー・ミンツバーグ、営業の神様として知られるブライアン・トレーシー、コーチングのマーシャル・ゴールドスミスなど、各分野の大物も登場し、支援しています。

　このように、産学両方から今現在の課題を解決するための新しい知見を取り上げ、最新の人材育成情報を提供し続けていることも、他に類を見ないAMAの特徴と言えます。

　日本では2012年より、グローバルナレッジマネジメントセンターがAMAの活動を展開しています。AMA日本支社時代から続く日本経済団体連合会との協力体制の下、企業の課題解決を担う人材の育成に力を注いでいます。中でもグローバル人材の開発は、日本企業にとって喫緊の課題となっています。多くの企業がグローバル戦略を掲げていますが、それを実現させる人材は、残念ながら十分に確保されていないのが現実ではないでしょうか。

　AMAの優れた特徴とプログラムのエッセンスを抽出した本書が、世界で活躍するリーダーの育成のために活用していただけるのならば、これほど嬉しいことはありません。

グローバルナレッジマネジメントセンター株式会社
代表取締役　小澤　隆

本書の活用法

第1部　マネジメントの基礎的スキルを学ぶ

第1章　マネジメント入門

　本書の読者はおそらく、個人で取り組む仕事から、他の人々と協力してやり遂げるマネジメントとしての仕事へと、移行した経験があるはずです。第1章では、そうした移行をうまく進めるためのポイントを解説します。

　自分に与えられた新しい役割を理解して、効果的なコミュニケーションによって、生産的で意欲に満ちた職場環境をつくれるようになれば、将来、大きな責任を担うための基礎が築けます。

第2章　部下の業績管理

　マネジメントとは、他の人々を介して仕事をやり遂げることです。他の人々、主に部下の業績が上がれば、マネジャーの業績もそれに応じて上がります。

　第2章では、モチベーションの基本を取り上げるとともに、業績向上につながる目標設定や評価、効果的な権限委譲の方法、部下が優れた業績を出すためのコーチングの方法を学んでいきます。

第3章　人材マネジメント

　小さな組織でも、長い間、まったく変化がないということはありません。拡大や縮小、異動や退職によって、メンバーは入れ替わります。その際、どのような人材を自分の周囲に配置するかは、マネジャーが行う意思決定のうちで最も重要なものの1つです。

　第3章では、部下が変化に対応するのを支援する方法と、人員の採用、面接、選定の基本を解説します。

第4章　プロジェクトマネジメント

　国際競争の激化や技術開発によって変化のスピードが劇的に増す中、ルーティーンの業務以外のプロジェクトをうまく運営し、成果を上げることがマネジャーに求められるようになっています。この章では、新規プロジェクトに取り組む人のために、プロジェクトのスコープ（範囲）の設定、チームの結成、フローの確立、計画策定、プロジェクトの実行という各段階について、詳しく説明していきます。

第2部　マネジメントスキルのステップアップ法

第5章　戦略思考

　マネジャーと上位のリーダーでは、身につけるべきスキルも異なります。ほとんどの組織は、戦略（実行すべきことに関する長期的なビジョン）と戦術（戦略で描いた組織の目的に向かって前進するために、短期間でやるべきこと）を必要としています。あなたがもしリーダーを目指すのであれば、戦略的に考え、戦術的に行動するための準備が必要です。

　第5章では、戦略思考のモデル、ビジョンと関連した戦略的な枠組み、SWOT分析、ステークホルダーを動かしてビジョンを実現させるためのコミュニケーションについて取り上げます。

第6章　リーダーシップ

　この章では、リーダーとしての考え方を学んでいきます。自分のリーダーシップスタイルを知ることが成長の第一歩となります。組織内で権力や影響力をどう高めるか、社内政治や問題社員にはどう対処すればよいかについても、具体的に取り上げます。これらの問題には、組織に属する誰もが頭を悩ませているはずです。何度も読み返して、リーダーシップのスキル開発に励んでください。

アメリカの「管理職の基本」を学ぶ
マネジメントの教科書
|目次|

はじめに　i
日本の読者のためのまえがき　iii
本書の活用法　vii

第1部　Essential Management Skills
マネジメントの基礎的スキルを学ぶ
怠ってはならないマネジャーの日々の鍛練

第1章
マネジメント入門　　　　　　　　　　　　　　3
人間関係に焦点を合わせる
Basic Management

マネジャーの8つの役割　4
フラット型組織におけるマネジャーのあり方　7
コミュニケーションスキルを磨く　9
目的別コミュニケーション　17

第2章
部下の業績管理　　　　　　　　　　　　　　23
組織と個人の利益を調和させる
Performance Management

x

業績管理は部下と共に行う　24
モチベーションを引き出す　30
成長と発展のために権限を委譲する　37
業績を押し上げるコーチング　43

第3章
人材マネジメント　51
部下を変化に対応させる
Managing Staff Changes

変化に対する恐れを理解する　52
採用に伴う6つの課題　53
採用活動計画を立てる　62
面接の基本　66
選定から採用までのガイドライン　81

第4章
プロジェクトマネジメント　83
一時的な取り組みを管理する方法
Managing Projects

プロジェクトの3つの制約条件　84
プロジェクトのライフサイクル　87
プロジェクト憲章で全体像を捉える　90
プロジェクトのスコープを明確にする　98
WBSを用いて作業を分解する　101
スケジュールを組む　107
リスクのないプロジェクトはない　112
プロジェクトの実行　114
頻出する変更をコントロールする方法　119

経験と教訓を活かすための終結プロセス　121
- **Case 1**　「その装置」とは何か？：スコープ再定義が成功を引き寄せた　122
- **Case 2**　アポロ13号の帰還：歴史に残るハイリスクプロジェクト　124

第1部のまとめ　128

第2部 Senior Management Skills
マネジメントスキルのステップアップ法
戦略思考とリーダーシップを発揮する

第5章
戦略思考　133
現実の業務のために戦略的に考える
Strategic Thinking

戦略思考はなぜ必要なのか　134
戦略的な枠組みを指針とする　136
明確なミッションと心を動かすビジョンが変化を起こす　141
ビジョンの戦略的な分析　144
ビジョンを実現させるコミュニケーション力　150

第6章
リーダーシップ   153
ビジョンを実現するために
Leadership

リーダーシップの自己評価　154
リーダーにふさわしい振る舞い　157
リーダーとしての成功を測定する　164
個人のリーダーシップスタイルを活かす　166
権力と影響力を持つ　174
賢明な社内政治　180
問題社員をやる気にさせる　190

第2部のまとめ　197
用語集　199

Essential Management Skills

第1部
マネジメントの基礎的スキルを学ぶ
怠ってはならないマネジャーの日々の鍛練

ビジネスは実務を通じて学ぶことも重要ですが、意識をもってスキルを鍛えることで、遠くを見通す望遠鏡を手に入れられます。視点が変わり、企業の全体像が捉えられるようになるのです。あなたはどのような能力をすでに持ち、今後どのような能力を必要とするのでしょうか。マネジメントの基礎的なスキルを習得し、視座を高めれば、あなたは極めて大きな価値を発揮するようになるでしょう。

第 **1** 章

Basic Management

マネジメント入門
――人間関係に焦点を合わせる

マネジャーとして成功できるかどうかは、人間関係をどれだけうまく築けるかで決まります。組織のフラット化が進む中、マネジャーが果たすべき役割や、部下とのコミュニケーションのとり方は大きく変化しています。

1 マネジャーの8つの役割

　マネジャーの主な責任は、他の人々を介して仕事をやり遂げることです。マネジャーは、単独で仕事をやり遂げても、成功したとは評価されません。マネジャーたるもの、直属の部下と接し、人々の力をまとめて、部門や組織のゴール（到達点）を実現させなくてはなりません。

　他の人々を介して結果を出すための基礎となるのは、部下のニーズを把握し、彼らの能力を育てて活用する力です。そのためには、多くの顔を持つ必要があります。それらの役割をどれだけうまくこなせるかが、マネジャーとしての有能さを決めます。

　マネジャーの守備範囲に含まれる主な役割は8つあります。

❶リーダー

　物事の全体像を捉え、ミッションやゴールを見据えたうえで日々必要なことを検討する。組織が向かっていく先を判断し、戦略的に方向性を考えながら前進していく。リーダーには、組織がビジョンを実現できるよう説得の能力が求められる。また、組織の枠を超えて人間関係を築き、組織の評価（レピュテーション）を維持する。

❷ディレクター

　問題を明確にし、解決策を導き出すよう取り組む。計画策定や目標設定のスキルを用いて権限委譲すべき事柄を判断し、各人に仕事の範囲、業務内容、課題をしっかりと理解させる。

❸コントリビューター（貢献者）

　課題や仕事に注力し、自身が成果を出すだけでなく、他の人々をやる気にさせて、組織の生産性を最大化する。

❹コーチ（指南役）

　協調性、理解力、こまやかな気遣い、近づきやすさ、オープンさ、公平さを心がけ、思いやりと共感力を大切にしながら人材育成に当たる。

❺ **ファシリテーター（まとめ役）**

組織の総合力を養い、結束力やチームワークを築き、人間関係のごたごたや軋轢に対処する。

❻ **オブザーバー（監視役）**

常に人々の行動や人間関係に目を配り、部下がそれぞれの目標を達成しているかどうかを判断し、部門としてゴールに到達していることを確認する。また、チームに知らせるべき重要事項を理解し、情報過多にならないようにする責任も負っている。

❼ **イノベーター（革新者）**

適合と変化を促進していく。変化する環境に注意を向け、組織に影響を及ぼす傾向を見極めたうえで、組織の成功に必要な変化を決定する。

❽ **オーガナイザー（主催者）**

職務計画を策定するほか、業務や体制を組み立てる責任も負う。さらに、技術的なニーズ、人材の調整、危機対応などにより、確実に業務が完了するようにフォローアップする。

以上、8つの役割の説明に出てきたキーワードや主要概念を参考にしながら、マネジャーの務めをきちんと果たすために、どのようなスキルを習得すればよいかを明らかにしていきましょう。

最初に考えたいのが、マネジャーがすべての役割を上手にこなし、幅広いマネジメントスキルを発揮する基盤となる、好ましい環境についてです。マネジャーに求められる広範な役割は、実際の職場環境でどのように果たされるのでしょうか。ここでは、アメリカ政府向けの市場で事業を展開する大手コンピュータ会社の部門を例にとって見ていきます。〈　〉内はマネジャーが果たす役割を示しています。

Case

マイケル・マルトゥッチは、大手多国籍コンピュータ会社のワシントンD.C.支社のマーケティングディレクターに就任した。政府に自

社製品を販売している主要な付加価値再販業者（VAR）との強い提携が成功に欠かせないことを、彼は理解していた〈リーダー〉。その一方で、VARだけでは適切なかたちで自社製品を紹介しきれていないという問題もあった。

そこでマルトゥッチは、マーケティング部門がVARと協力して、自社製品に関する大きなイベントを開く必要があると判断した〈ディレクター〉。彼はマーケティング部門の直属の部下、広報部門の同僚、営業チーム、設計チームに対して、市場での成功を確固としたものにするため、VARと共同で新しい取り組みをする必要があることを説いた〈コントリビューター〉。

マーケティング部門の最も若いメンバーについては、そうした重要な案件をこなす能力があるかどうか疑わしかったので、それぞれの能力でプロジェクトの要求内容を満たせる領域を探った〈コーチ〉。

マルトゥッチはみんなを1つにまとめ、行うべきことの全体像を示した。また、この大きなイベントをVARと共同開催する方法について、全員の知見を共有する必要があるものの、実はこれまでそういうことをやってこなかったことも認めた〈ファシリテーター〉。

マルトゥッチはみんなにビジョンと実施プランを示し、その計画を具体化して行動するために計画表を作成する自由を各グループに与え、その後の進捗状況を報告してもらった〈オブザーバー〉。次に、各グループの計画を他のグループに知らせて、作業やアプローチを調整するよう提案した。いずれのグループもそれぞれの計画をわずかに修正する必要が生じたが、ゴールが共有されていたので、ひとたびビジョンが明確になると、どこも快く修正に応じた〈イノベーター〉。

ほかにもマルトゥッチが大きく貢献したことがある。イベントの準備から実行までの進め方をマップに整理して全員に配り、イベント開催だけでなく、どんな危機的な状況にも対応できるよう、イベントのコーディネーターにチェックリストを配布したのだ〈オーガナイザー〉。このVARとの共同イベントは、CEOが現場に足を運んで絶賛しただけでなく、メディアにも大きく取り上げられ、売上増加につながった。

2 │ フラット型組織におけるマネジャーのあり方

かつては、組織図は相互関係よりも階層構造を示し、「マネジャー」は「上司」を意味していました。部下は指示的スタイルで動き、上司は部下にやるべきことを伝えて、指示した通りに実行しているかどうか細かく監督していました。

そうしたシステムと対照的なのがフラット型組織＊（巻末用語集を参照、以下同じ）です。そこでは、**部門内でも全社的にも権限レベルがさほど重要ではなくなり、誰もが実質的に自分の上司となります**。フラット型組織は、上司の言うことや彼らを喜ばせる方法ばかりに注意を向けさせるよりも、意思決定プロセスに参加させたほうが、優秀な人材はやる気を出して能力を発揮しようとする、という考え方に基づくものです。

時間とともにフラット型組織への移行が進み、マネジャーへの要求や処遇に対する部下の期待は変わっていきました。

意思決定のフラット化

部下に「やるべきことを伝える」ばかりでは、窮屈な職場環境になってしまいます。有能なマネジャーは、意思決定するためには、いつ、どのようなかたちでみんなの意見を求め、多数派の声に耳を傾け、必要に応じてコンセンサスをとり、権限委譲すればよいかを心得ています。

Case

ピーター・アーネスト（仮名）は、CIA（中央情報局）で秘密捜査官を25年間、CIA本部で上級幹部職を11年間務めた後、国際スパイ博物館の常務取締役に就任した。博物館で、展示や「スパイ冒険」について決めるときに、アーネストは「私は指示する人、あなたは実行する人」という指示的スタイルをとってもおかしくなかった。

しかし彼は、教育用プログラムを作成するチームに対して、創造力を駆使して、もっと自由な提案をしてもらうやり方を選んだ。必要なときのみ指示的スタイルをとることにして、どんなときに、どの程度まで革新性や個人の裁量が認められるかをはっきりと示したのである。

意欲を引き出す環境づくり

健全な人間関係を生み出す職場環境には、いくつかの重要な特徴があります。

- 一緒に働く人々が、その仕事をやり遂げることに対して明確な期待を持っている。部下やそのマネジャーが、目の前の課題に関するビジョンを共有している。
- その仕事を遂行するための知識、スキル、意欲がチームにある。マネジャーは部下が決断するための言動に気を配っている。
- 個人のニーズや動機づけ要因について、マネジャーが配慮している。
- 業績向上のために個人的にコーチングが受けられる。
- 同僚やチームが効果的なかたちで一緒に働き、プロジェクトで協力し合うことができる。

望ましい環境をつくれば、マネジャーは他の人々を介して結果を出すことがはるかに楽になります。目指すべきは、意欲が湧いてくる望ましい状況をつくり、担当部門が確実に成果を出せるようにすることです。かつての同僚（現在の部下）との関係が悪かったり、上司の期待を十分に理解していないようでは、そうした環境づくりを行うことは困難です。

新任マネジャーにとって最も難しいのは、部下となったかつての同僚が力関係の変化に不満を持っているケースです。そういう場合は、客観的かつ公平な姿勢で与えられたキャリア上の機会を最大限に活用することに注力し、自分が紛れもなくその職務の最適候補だと上司が考えていることを確認しましょう。

力関係の変化をめぐる別の側面として、新任マネジャーを監督する立場にある上司（上級マネジャー）が関わってきます。あなたは上級マネジャーと一緒に予測を立てて、前職の引き継ぎや前任者の業績への対応に追われることがないようにしなくてはなりません。
　こうしたことが障害にならないようにするためには、強力なコミュニケーションスキルが求められます。こうしたスキルも、マネジャーの役割をうまく果たすための基礎となるものです。

3│コミュニケーションスキルを磨く

　新任マネジャーは一般的に、上司とのコミュニケーションのみに専念するという過ちを犯しやすいものです。上司が自分をどう思っているかに神経をとがらせ、最も喜ばせなければならないのは上司だと思ってしまうのです。そして、実際に自分の将来を左右する部下には、あまり関心を持ちません。
　しかし、他のどんな人々よりも、マネジャーの成功に大きな影響を与えるのは部下です。**部下がよく働き、組織に付加価値をもたらすかどうかは、マネジャーが部下と効果的なコミュニケーションをとれるかどうかで決まります。**それは、指揮命令系統に従った口頭や文書によるコミュニケーションに負けず劣らず、重要なものなのです。

ビジネスコミュニケーションの基本

　相手が誰であれ、コミュニケーションを改善する第一歩は、自分が何を伝えなければならないかを明確にすることです。考えをまとめる出発点として、次の重要な情報カテゴリーについて考えてみましょう。

- 業績報告
- 状況報告

- 提案
- 追加リソースの要求
- 計画

　以上のうち、ここで詳しく取り上げたいのが状況報告、軍関係者が「SITREP」と呼ぶものです。プロジェクトやプログラムの状況変化を、指揮命令系統を通じて吸い上げて更新していけば、古い情報や間違った情報に基づいて意思決定を下してしまうリスクを減らせます。

　状況報告は長々とする必要はありません。戦場では、上官に10秒で伝えることもあります。たとえば、「青ルートのRP9。敵がRP7に気づいた。発砲はなし。1800で道路に到着予定。それまでは無線連絡なし」というように。これをオフィスに置き換えれば、上司への報告は、「本日、システム性能について顧客から苦情の電話あり。木曜午前9時、システムのアップグレードの最終テスト」という2行の電子メールで済むかもしれません。

　部下とのコミュニケーションでは、自分の考えを整理するために、次の項目について検討してみましょう。

- 手順
- プロジェクトの情報
- 会議の予定
- 電話会議
- チームのゴール（到達点）と目標
- 部下の業績
- 主な人事異動
- 主要な顧客やステークホルダー（利害関係者）との関係の変化
- 良い財務情報、悪い財務情報

　これらのうち、部下の業績については第2章で、またプロジェクトの情報については第4章で詳しく取り上げていきます。

円滑なコミュニケーションのための心得

　コミュニケーションのプロセスには一定の約束事があり、それを意識しておけば、何をどう表現するかでミスを犯すことはなくなります。

　送り手は個々の経験、価値観、態度、言語などに基づいてコード化されたメッセージをつくり出します。受け手はそのメッセージを聞いて、自分自身の見方で（つまり、自分の経験、価値観、態度、言語を用いて）メッセージを解釈し、それに基づいてフィードバックします。
　情報が少なすぎると誤解が生じるおそれがあるので、常に受け手を念頭に置いてメッセージを作成しなければなりません。ただし、必要以上の情報を詰め込むのも禁物です。必要な行動をとるために十分な情報を提供し、要点は簡潔に述べます。
　次の2つのメッセージの違いに注目してください。

「追って通知があるまで、チームメンバーには全員、残業していただきます」
「この玩具に関する最新の市場調査の結果を受けて、今後10日間は、チームメンバー全員で残業し、設計を終わらせる必要があります。みなさまのご協力に感謝いたします」

　1つ目のメッセージは、抵抗を引き起こす可能性が極めて高いでしょ

図表1-1　コミュニケーションの基本

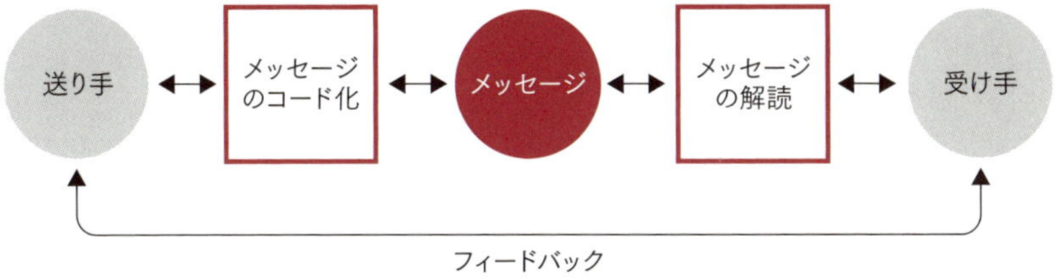

送り手 ⇔ メッセージのコード化 ⇔ メッセージ ⇔ メッセージの解読 ⇔ 受け手

フィードバック

う。これでは受け手は、残業する理由も、どのくらい余計に働かなくてはならないのかもまるでわかりません。少なくとも胸中では疑問が噴出しているはずです。チームメンバーは、このメッセージの意味するところが何かを詮索するのに時間を費やすことでしょう。

　2つ目のコメントは、1つ目と比べて内容が明快なため、受け手が疑問を感じる確率は減ります。それほど抵抗感もなく、聞き入れてくれるでしょう。

　次の事例は、不十分な情報提供が反発や抵抗につながることを物語るものです。

Case

　40人の事業者団体でマネジャーを務めるアンは、全スタッフに向けて、新しいアップル・コンピュータを翌週設置することを電子メールで送信した。ほとんどの人は新しいコンピュータが必要なことには賛同していたが、藪から棒にメーカーの変更や選定が行われたことを面白く思わなかった。というのも、机の上にある自分のパソコンを現に手放すことになるからだ。

　もしもアンがみんなに、大幅な値引きを引き出すために素早い行動が必要だったことや、希望日に2日間の講習を受けられることを簡潔に説明していたなら、強い敵意にさらされることはなかっただろう。

4つの質問スタイルを使い分ける

　明快なコミュニケーションにとって、文章を書くのと同じくらい重要なのが、良い質問をすることです。

　質問には、オープン（自由回答式）、クローズド（選択式）、探索型、仮定型の4つの基本タイプがあります（第3章で、面接の場面における各質問タイプの長所や事例を紹介します）。

　各タイプがどのような働きをするかがおおよそわかっていれば、口頭であっても書面であっても、日々のコミュニケーションにふさわしいタ

イプの質問を選びやすくなります。

▶オープンクエスチョン
- 文章または複数の言葉を使って回答してもらう。
- 回答は一般的に議論に役立ち、さらに質問するための情報が得られる。
- オープンクエスチョンをすることによって、次の質問を考えるための時間がとれる。
- 回答を聞く機会が増えることにより、言語的なコミュニケーションのスキルを評価したり、非言語的なコミュニケーションのパターンを観察したりできる。
- 内気で口数の少ない部下に話してもらうのに特に役立つ。
  例:「あなたはどのような方法で、相手の情報を使って信頼関係を築きますか」

▶クローズドクエスチョン
- たいていの場合、「はい」か「いいえ」で答えてもらう。
- 簡潔な答えが得られる。
  例:「あなたは信頼構築のために対話のテクニックを使いますか」

▶探索型クエスチョン
- その前に話したことに基づいて会話を進めていく。
- 通常は、短く簡潔な言葉で質問を重ねる。
- 思ったことをうまく答えられない人には探索型クエスチョンによる追加支援はありがたいものだが、追加の質問が多すぎると、防衛的な気持ちにさせてしまう。
- 探索型クエスチョンには3つのタイプある。

①合理性の探索:「なぜ」「どのように」「いつ」「どのくらいの頻度で」「誰が」などの疑問符を使って理由を探っていく。
  例:「あなたは信頼構築のために、どのように話し手の情報を使いますか」

②明確化のための探索:「どうしてそうなったのですか」「ほかに誰がその決定に関わっていましたか」「次に何が起こりましたか」「その結果としてどのような状況になりましたか」といった質問を行い、前の回答で得られた情報を限定したり広げたりする。
　例:「あなたが相手の情報を使う際に、ほかにどのようなやり方がありますか」

③立証のための探索:正直な話かどうかを確認する。
　例:「あなたのメールには、新しい信頼構築のスキルを使ってすでに販売活動に効果が出ていると書かれていましたが、その効果を定量化できますか」

▶仮定型クエスチョン
- 予想される状況に基づいて問題を提起する。
- 仮定を使うことによって、プロジェクトで大きな違いを生む仕事スタイルに関する個人の特性やくせが評価しやすくなる。
　例:見込み客を訪問する前に、「相手が話しにくそうな様子の場合、もっと気軽に話してもらうためにどうしますか」

より良いコミュニケーションのための3要素

　重要なコミュニケーションの場面で決まって問題になるのが、その伝え方です。効果的に伝えたいなら、言葉の選び方や相手にどう受け止められるかに注意を払いましょう。メッセージを伝えたら、相手の反応を見たり、意見を求めたりします。言語であれ、視覚であれ、フィードバックは欠かせません。

　たとえば、メッセージを伝えた相手が不安そうに見えたり、顔を背けているようであれば、それらのボディーランゲージから伝わってくるフィードバックは、不快感や抵抗感です。電子メールの場合、防御的なトーンのコメントや「ぶっきらぼう」な短いコメントかもしれません。なぜ自分のメッセージがそうした反応につながったのかを究明するために、

話した内容や表現を見直しましょう。

　より良いコミュニケーションのために考慮すべき要素は3つです。

- 言葉づかい：言葉の選び方
- 発話：話し方（声のトーン、速さ、大きさ）
- 視覚：ボディーランゲージ、表情、目の動き、身ぶり

　それぞれの要素はコミュニケーション全体の効果につながっていきます。3つの要素をすべて使えると、相手に理解してもらえる可能性が最も高くなります。1つか2つでは、誤解されやすいでしょう。
　電子メールやショートメッセージの場合、相手の声の調子がわからず、視覚的なフィードバックも得られないため、メッセージの真意を誤解されないようにすることが最大の課題となります。
　もう1つ注意しなければならないのが、一方通行のコミュニケーションである点です。たとえ矢継ぎ早にやりとりするときでも、テキストのメッセージは必ずしも（リアルタイムの電話や対面での議論のように）対話的ではありません。

　しかし、ショートメッセージやインスタントメッセージは、ビジネス上の理想的な通信手段になる可能性があります。たとえば、クリエイティブ・エンジニアリング・ソリューションの社長であるマット・フィーニーは、ショートメッセージを使って、顧客先で太陽電池パネルの設置作業を支援しています。
　彼は会議の合間に（時には別の顧客の前でも）、素早くかつ静かにメッセージを送信して質問に答えたりします。それは、携帯電話で「もしもし、聞こえていますか」と大声でやりとりするよりもはるかに効率的、個人的で、礼儀正しいコミュニケーション手段と言えます。

　ただし、一方通行のコミュニケーションには、途中で混乱が生じやす

いという難点があります。対面や電話での話し合いでは通常、たとえ混乱してもすぐにその状況が見てとれるので、情報を追加したり、ボディーランゲージや口調を変えたりして補うことができます。

したがって一方通行のコミュニケーションでは、受け手の視点に立ってメッセージを送ることが何よりも大切です。そうすれば受け手の気分や状況に関係なく、意図した通りにメッセージを理解してもらえます。では、電子メールでメッセージを送る場合、受け手の視点に近づけたかどうかを、どのように確認すればよいでしょうか。

よくありがちなのが、その情報を必要とする個人やグループ（プロジェクトチームのメンバーなど）向けに電子メールを作成して、おそらく最後の瞬間に「興味を持つかもしれない」と思って上司や別の部門マネジャーをccに入れるといったパターンです。その全員が本当にメッセージを見る必要があるかどうか、よく考えてみましょう。

ビジネスに携わる人々は、電子メールを開いて、読んで、回答するのに何時間も費やしています。こうしたメールの多くは、受け手にとってほとんど関係のないメッセージで占められています。内容に応じてもっと選別して、本当にそのメッセージを知る必要のある人々だけに送るようにすれば、みんなの時間の使い方が変わってきます。

電子メールは後々まで残り、転送も容易なので、注意してメッセージを書く必要があります。電子メールは現代版のビジネスレターであることを踏まえて、適切なビジネスコミュニケーションに則った文法、句読点、綴りになっているか、「送信」ボタンを押す前に見直します。

こうした基本に加えて、電子コミュニケーションのエチケットに従い、どんな文章を書くときでも、次のようなマナーを守りましょう。

- 書く前に考える。
- 激しい感情表現を避ける。
- 送信する前に、自分のメッセージを注意して読み直す。
- 主題から外れないようにする。

4 | 目的別コミュニケーション

　目的に合ったスキルを用いることで、コミュニケーションの質をさらに高めることができます。
　たとえば、上司と部下から電子メールを受け取ったとしましょう。上司のメールは、あなたの担当部門の予算を10％削減するよう要求しています。部下のメールはある行動方針を熱心に提案していますが、どう見ても部門のゴールを誤解しています。
　どちらのメールにも、協力的な姿勢を示し、誤解を招かないように回答しなくてはなりませんが、返事の書き方はまったく違ってきます。

回答が難しいメールにどう対処するのか

　組織の中では、上司の考えと自分自身の考え、そしてスタッフの考えとの間で板挟みになることも少なくありません。誰しも昇進時に自分を引き上げてくれた人は自分よりも知識が多く、より優れた考えを持っていると思いがちですが、必ずしもそうとは限りません。また、たとえそうであったとしても、あなたの部下やあなたが現在取り組んでいる仕事については、よく知らないかもしれません。
「10％削減」という要請に回答するときには、その点を考慮しましょう。まずは要求に従い、それから机に戻ってやり方を綿密に調査するのが典型的な対応でしょう。
　しかし、予算削減によってチームの年度目標の達成能力に影響が及ぶことが明らかな場合は、目標の優先順位、堅持すべき事柄、遅らせたり省いたりできる事柄について、上司に詳しい情報を尋ねましょう。そうやって、上司に新しい優先順位を認めてもらい、減らせる部分があれば減らしていきます。
　大局的な考え方をすれば、目的意識を持ったコミュニケーションがで

きるようになります。逆に、この例で削減要請にただおとなしく従うようであれば、あなたはマネジャーとして、まだリーダー役が務まらないレベルにあるということです。

部下から来たメールについては、文面から伝わってくる相手の熱意に水を差さずに、組織のゴールを伝えるうまいやり方を見つける必要があります。手始めに、本人の利益と組織の利益が交わる部分に注意を向けさせます。その行動提案によって部下は、これまで発揮していない才能やスキルを発揮できるようになるかもしれません。

組織にとって必要なこと、最終的に部門が達成すべきことを説明する際に、部下と一緒にそうした才能やスキルをどう使っていけるかを検討しましょう（第2章で、ゴールを達成するための目標設定について詳しく取り上げます）。

会議の不満を解消する

会議では持続的で目的のあるコミュニケーションが求められます。良い会議運営の第一の原則は、目的をはっきりさせることです。出席者が「なぜ自分がここにいるのだろうか」と至極当然な疑いを持つようでは、マネジャーは部下の支持を失いかねません。

会議をめぐる主な不満は次のようなものです。

- 開始が遅れる。
- 会議の目的がはっきりしない。
- 会議がきちんと進められない。
- 一部の出席者が参加しない。
- 一部の出席者ばかりが話している。
- 必要以上に時間がかかる。
- 結果について共通理解が得られない。

論理的で体系立った会議にすることが、成功の鍵となります。会議を効果的にするための4つのステップを紹介しましょう。会議もコミュニケーションの1つなので、これらのステップは口頭や書面で伝える内容も含めて、コミュニケーションスキルの基本が役立ちます。伝えようとすることをはっきりさせ、受け手にわかってもらうために何らかのかたちのコミュニケーションをとり、きちんとメッセージが伝わったかどうかを確認する、ということです。

ステップ1：会議を計画する

　会議の計画を立てるときには、次の要因を考えてみましょう。
目的（Purpose）――会議の結果として何を望んでいるか。
議題（Agenda）――どのような話題を討議するか。どの順番で、どれくらい深く討議するか。
長さ（Length）――いつ会議を開き、どの程度の時間をとるか。
出席者（Attendees）――誰に出席してもらうか。ふさわしい人が参加するよう確認する。
評価（Evaluation）――会議がうまくいったことをどのように判断するか。

　このうち最初の3つの要因、PAL（Purpose、Agenda、Length）は良い計画を立てるための鍵となります。

ステップ2：参加予定者に連絡する

　電子メール、ショートメッセージ、メモなどの書面によって、会議の開催を参加者に知らせます。通知には議題を記載し、みんなが前もって検討したり、会議の目的に集中しやすくなるようにします。出席者が会議の準備をするのに役立つ追加情報も含めておきます。
　会議の連絡には、次の例のように、PAL手法を使いましょう。

Examples

　6月24日火曜日、午前10時00分から会議室でスタッフミーティン

グを行います。次の議題を詳しく討議する予定です。各自、考えをまとめておいてください。
目的──新しいソフトウエアを全社的に導入するためのプロセス決定する。
議題──①導入、②ソフトウエアの現状、③ソフトウエアの導入に必要なプロセスについての討議、④関係者の確認、⑤導入日の候補の検討、⑥担当者の割当て、⑦次のステップ、⑧会議の評価。
長さ──4時間。昼食はご用意します。

ステップ3：開催する

　会議（meeting）とは「一緒になること」、つまり、集まった人々が相互交流することを意味します。これを念頭に置きながら、誰かが場を支配して「ゴミ情報」をまき散らす事態は避けましょう。出席者は全員、自分の考えを話し、会議の目的に沿った解決策を提案するための機会を望んでおり、またそうする必要があります。

ステップ4：評価する

　出席者に会議を評価してもらうことは、とても有益です。報告書に載せるような公式の評価でなくても役立ちます。次回は特定の人に議論に参加してもらったほうがよいという指摘があるかもしれません。あるいは、議題の改善案が出てくることもあるでしょう。

　その会議でうまくいったこと、いかなかったことを出席者がどう評価しているかは、たいていの場合、匿名のフィードバックで明らかになります。次の会議を改善するための非常に有益な情報が得られることもあります。

　公式の評価を行う場合は、数字の評価と短いコメントを書き込んでもらう会議評価のためのフォームを使うとよいでしょう（**図表1-2**）。これは部下からフィードバックをもらうときなどに使います。こうした評価をもとに何らかの変更を加える場合は、それが誰かの良いアイデアによるものであることを知らせ、行動を通して明らかにします。

図表1-2　会議評価のためのフォーム

▶ 今回の会議で所定の目的がどのくらい達成されたか。

1＝まったく達成されなかった
2＝ほとんど達成されなかった
3＝少し達成された
4＝かなり達成された
5＝完全に達成された

▶ 今回の会議であなた個人の目的がどのくらい達成されたか。

1＝まったく達成されなかった
2＝ほとんど達成されなかった
3＝少し達成された
4＝かなり達成された
5＝完全に達成された

▶ 今回の会議のどの部分があなたの仕事に最も役立ったか。

a. _____
b. _____
c. _____

▶ 自分にとってあまり助けにならなかった人は誰か。

a. _____
b. _____
c. _____

▶ 会議の結果を受けてどんな行動をとるか。

▶ その他のコメント

図表1-3　生産的な会議にするための開催時のポイント

- ▶会議の目的に関する全体的な情報からスタートする。それが出席者全員の共通基盤となり、そこからコミュニケーションを始めることができる。
- ▶タイムキーパー、議題の管理者、筆記者、議長など、「会議で果たすべき役割」を設定する。会議がスムーズに運営され、みんなが議事録を利用できるようになる。
- ▶テーマから外れているが、良いアイデアが出た場合、残るような仕組みを導入する。1つのやり方を紹介しよう。

  紙に自分の考えを書き、適切なタイミングで議題の管理者に渡す。あるいは、出席者が付箋に自分の考えを書き出し、ホワイトボード上のアイデアを溜めておく場所（パーキングロット）に貼ってもらう。こうすれば、そのアイデアが出されたことが認識され、忘れ去られることはない。
- ▶議題に沿って進める。
- ▶出席者全員で討議する。次のような方法をとるとよい。
  - ・フィードバックを求める。
  - ・出てきた発言を、別の出席者に言い換えてもらう。
  - ・黙っている出席者にどう思うかと尋ねて、参加を促す。
  - ・自分が思っていることが指摘されたり、検討されたりしているかを振り返る。
  - ・出席者の考えを支持する。
- ▶会議の成果や結果をまとめる。会議での議論に基づいて、各人に期待されている行動について出席者全員がきちんと理解できるようにする。
- ▶時間を守る。会議が長引く場合は延長可能かどうかを出席者に尋ねるか、別の日に予定を組み直して続きの会議を行う。
- ▶「パーキングロット」の中身を見直す。予定時間内に話し合える場合は、こうした意見にも言及する。

  時間が許さないときは、これらの意見を議題とした会議を別途開く必要があるかどうかを尋ねる。
- ▶次の会議の日時を設定する。所定の目的を達成するために別の会議が必要であれば、みんなが退室する前に時間を決めておく。

  ただし、会議が不要な場合や業務効率を考えると最適ではない場合は、次の予定は立てなくてもよい。

第 2 章

Performance Management

部下の業績管理
──組織と個人の利益を調和させる

どうすれば部下のモチベーションを高めて、成長させられるのか。すべてのマネジャーにとってそれは、最も関心のあるテーマの1つでしょう。この挑戦しがいのある課題を解決する鍵は、適切な業績管理と権限委譲、そして効果的なコーチングにあります。部下の成功は、あなたとあなたの組織を成功に導く、最短かつ確実なルートです。

1 業績管理は部下と共に行う

　他の人々を介して仕事をやり遂げるという、マネジャーとしての責任を果たしたいのであれば、業績管理と部下を育成するためのマネジメントプロセスを整備しなければなりません。業績管理は、自分と部下の双方の成功に欠かせない重要なスキルによって支えられています。

　あなたの組織でどのようなシステムが実際に採用されていたとしても、本章で述べるスキルやツールは、実践で必ず役立つはずです。ここで学んだことを、組織内のシステムに重ね合わせてみてください。

　まず初めに、業績管理に該当することと、しないことを明確にしておきましょう。

▶業績管理に該当すること
- 部下（と自分）の成功を支援するために、部下と協力して進めていくプロセス。
- 組織と個人のために進めていくコミュニケーション。

▶業績管理に該当しないこと
- 年1回の査定。
- 部下を罰したり、怖気づかせたりすること。

　適切な業績管理を行うためには、計画を立てる必要があります。多くの企業では、最初に期待値や目標を設定します。目標設定はトップダウンのこともあれば、担当者レベルのボトムアップで行われることもありますが、どのような方法をとるにせよ、重要なのは、部下が目標に同意して責任感を持つことです。

　ほとんどの企業は規定で評価期間を定めています。年1回だけの企業もあれば、年2、3回、あるいは四半期ごとに行う企業もあります。規

定で定められた回数に関わらず、業績に関する話し合いを増やすことは可能です。業績管理分野の専門家は、部下が見当違いなことをしているのを軌道修正する機会にもなるので、少なくとも四半期に1回は評価を行うよう推奨しています。

　業績管理計画で最も難しいとされるのが、最初のステップとなる目標や期待値の設定です。次に難しいのは、評価のための面談です。
　マネジャーは多くの場合、業績管理計画に取りかかるのを躊躇します。「時間がありません」「それは管理要件の1つにすぎません」「私の仕事の重要部分ではありません」などと言って逃げるのです。しかし、マネジャーとして成功したいのであれば、先延ばししたい気持ちを断ち切って、すぐにでも着手しなければなりません。

目標設定のルールはSMART

　マネジャーと部下は、同じチームのメンバー同士の関係にあります。マネジャーは業績管理計画をすべて自分でやらなくてはならないと考えがちですが、**部下と一緒に責任を共有すれば、はるかに容易に、意味のある計画が立てられます。**なぜならば、**部下の業績は結局のところ本人の仕事ぶりにかかっていて、当事者意識を持ってもらわなくてはならないからです。**

　目標設定のための明確な枠組みがあれば、部下もマネジャーと同じやり方で目標を打ち出すようになります。的確に定められた目標は、SMARTの要件を満たしています。

- S　**具体的**（Specific）
- M　**測定可能**（Measurable）
- A　**達成可能**（Attainable）
- R　**意味のある**（Relevant）
- T　**進捗状況が確認できる**（Trackable）、**期限つき**（Time-bound）

目標には、良い目標と悪い目標があります。良い目標の例を挙げてみましょう。

- 年度末までにプロジェクト管理ソフトウエアの売上高を10%増やす。
- 第3四半期に5部門で、新しい精算システムの利用についての研修を行う。
- 各四半期のデータ入力のエラー件数を前四半期よりも3%減らす。
- 年末までに6日間のセキュリティ研修を終える。

　目標設定は、一連の業績管理プロセスの始まりとなります。目標を書き出して合意が得られたら、その結果をチェックしながらプロセスを進めていきます。
　プロセスの最中は、少なくとも年4回は面談して、進捗状況を話し合います。部下には支援を求める機会、マネジャーには部下が結果を出すためにどんな手を打てばよいかを把握する機会となります。目標達成のためにどの程度の支援が必要かを見極めるのです。

　プロセスの最後は最終評価です。部下が行ったことを漏れなく整理するためには、記録を残しておくことが大切です。
　図表2-1は、評価者と対象者の話し合いに基づく、業績評価のための四半期報告書の例です。マネジャーと部下の双方を評価する実用的なガイダンスとして、参考になるはずです。

　図表2-2は点数評価の基準を示したものです。評価基準と評価制度についての相互理解がある限り、話し合い以外の評価方法でも、部下とマネジャーの双方にとって役立つはずです。
　ただし、点数評価方式には注意すべき点もあります。学生時代に出会ったことがあるかと思いますが、仕事でも時々、あまり高い評価をつけない「厳しい採点者」がいます。点数評価方式を採用する場合は、部下に自己評価フォームを使ってもらい、同時に複数の評価者を置くのが望

図表2-1 業績評価のための四半期報告書

四半期の業績評価

評価者：ジェーン・スマイリー

日付：2011年6月30日

対象者の情報

氏名：ヴィクター・ハードリー

社員ID：12345

役職：編集者

入社日：2009年11月16日

部署：マーケティング部

評価期間：2011年3月31日〜6月30日

評価者に対する確認事項

少なくとも1週間前に、対象者に評価に関する連絡をとったか。

対象者に自己評価を求めたか。求めていない場合、評価スケジュールを変更する。

ゴール

期間内に定めたゴールは何か。それは達成されたか。「はい」の場合は成功要因を、「いいえ」の場合はその理由を説明する。

ゴール1：最新の法律問題セミナーを受講する。

　　　　　受講した。しかし、我が社の主要な海外市場関連の疑問に答えをもらうという点では、発表者は準備不足だと感じた。一連の質問にもっと幅広く対応できるパネリストを起用したオンラインセミナーに変えたほうがよいと思う。

ゴール2：コアの強みを活かしてもっと自信を示す。

　　　　　あまりできていない。他の人のほうが優秀だと感じる。現状のやり方では昇進できないので、コーチングが必要。

ゴール3：用字用語ルールを変更または維持する理由を調査する。

　　　　　実施した。素晴らしい分析だった。

　　　　　結論：相変わらずチームワークが少ない業務では優秀だが、他の人々とやりとりする仕事になると引いてしまう。

図表2-2 点数評価の基準

評価

以下の項目について、5段階で評価する。

1＝不満
　必要な課題をこなせず、他の人の仕事の妨げとなることもある。

2＝最低限のレベル
　改善が必要。仕事は終わらせるが、期限に遅れる傾向や品質面で問題がある。

3＝要求を満たしている
　基本的な要求事項を満たしている。期限通りに仕事を終え、品質要求を満たしている。

4＝要求を上回る
　日常的に期待を上回っている。

5＝非常に優れている
　一貫して要求事項をはるかに上回る結果を出す。

	1	2	3	4	5
設定したゴールに到達する					
コーチングに応じる					
必要なスキルを示す					
担当業務を完了する					
説明責任を果たす					
潜在的な問題点を指摘する					
問題解決を試みる					
改善提案をする					
創造的なアイデアを出す					

ましいでしょう。

マネジメントを効率的に行うためのツール

　人事データは業績管理の主要なツールとなります。ほとんどの企業の人事部門は従業員ファイルを作成していますが、マネジャーには異なるタイプの「人事データ」が必要になってきます。マネジャーが使うファイルには、業績評価に関わる個人情報を完備しておかなくてはなりません。それは次のような情報です。

- 業績関連の全記録
- 各人の業績に関する（内外の）顧客のコメント
- マネジャーが作成した各人の観察記録
- 推薦状
- 業績や仕事について言及された電子メール
- その人やその担当業務に関するマネジャーの上司のコメント

　顧客、同僚、さらには他のマネジャーからのコメントについて、それが事実なのか主観的な内容なのか、噂話なのか、直接的な観察や経験なのかを、明確に区別する必要があります。たとえば、ある部下の顧客対応が悪いというクレームの電子メールには、送り主の気分や、偏った見方が反映されているかもしれません。
　業績管理のもう1つのツールは、デジタルカレンダーです。これは次の4つの主要な機能を果たすもので、今日のマネジャーには欠かせないツールと言ってよいでしょう。

- **会議の依頼**：この機能により、打合せの約束や承認ができる。
- **自動更新**：デジタルカレンダーでは、特定のスケジュールを把握して、それをコンピュータに同期できる。たとえば、部下も交えた研修予定を変更しなくてはならない場合、その情報を効率的に伝達し、みんな

のカレンダーを更新することができる。
- **定期的なイベント**：繰り返し行われるイベントをカレンダーに載せておけば、スタッフミーティングや定例電話会議を見落としていたという「言い訳」ができなくなる。会議の時間が近づくと、それを知らせるアラート機能が組み込まれている。
- **アクセシビリティ**（アクセスのしやすさ）：ほぼ全員がスマートフォンやモバイルコンピュータなどを持っているので、それらの機器にカレンダー情報を載せたほうが、紙に書いて手渡すよりも効率的である。

　業績管理プロセスの一環としてデジタルツールを活用すれば、望ましいかたちで部下とつながっているという感覚が強まるほか、チームミーティング、会議、個人的な議論を行う日時についての誤解も減らせます。
　業績管理は、マネジャーのリーダー、ディレクター、オブザーバー、オーガナイザーとしての役割との密接に関係します。次節では、コントリビューターやコーチとしての役割を主に取り上げます。

2　モチベーションを引き出す

　マネジャーの中にはモチベーションを、自分の権限や部下との力関係を利用して、「君がどう思おうと、私のやってもらいたいことをやらせるつもりだ」ということを、ただ丁寧に表した言葉だと捉えている人がいます。
　そうしたやり方で部下を動機づけようとすれば、短期的に結果は出たとしても、長期的には怒りや敵意を招き、やる気の喪失につながります。**本当に効果的なやり方はただ1つ、自発性を引き出すことです。他人を強制的に動機づけることはできません。マネジャーにできるのは、本人が心からやる気になる環境を用意することです。**

ハーズバーグの2要因理論

行動科学の研究者で『仕事に対するモチベーション』(日本語版未訳、原題 The Motivation to Work)の著者であるフレデリック・ハーズバーグは、職場向けの動機づけ理論で最もよく知られています。ハーズバーグの動機づけ・衛生理論には、**衛生要因**(不満防止に関する要因)と**動機づけ要因**(満足感の醸成に関する要因)という2つの要因が出てきます。

衛生要因には次のようなものがあります。

- 給与
- 地位
- 安全
- 労働環境
- 福利厚生
- 規定や管理方法

これらの要因は、個人にとって納得感のあるかたちで示されれば、不満を取り除く効果があるとハーズバーグは述べています。ただし、短期的に仕事に対する満足感を醸成したり、組織を維持するのに役立ったとしても、それで必ずしも従業員のやる気が高まるわけではありません。

たとえば、カジュアルな服装を許可すれば、当初は満足するかもしれませんが、すぐにそうした特権は当然のこととして受け止められるようになります。その後で再び、標準的なビジネス用の服装を要求すれば、従業員は不満に思い、結果としてモチベーションは低下するおそれがあります。衛生要因は、強力で長期的な満足感やモチベーションにはつながらないのです。

ハーズバーグの研究は、従業員満足度とモチベーションを管理するための2段階のプロセスを提案しています。

第1レベル：衛生要因を満たす

まずは衛生要因に注目して、従業員が不満を募らせないように基本的ニーズを満たさなくてはなりません。すべての従業員が十分な報酬、安全で清潔な職場環境、社交の機会を与えられ、マネジャーから公平で人間らしい扱いを受けられるようにします。

　衛生要因は、職場の変化とともに変わってきました。かつては満足のいく報酬と妥当な労働条件で、興味深い仕事があれば、それで十分でした。しかし、生活体験や期待の異なる世代、さまざまな文化を持つ人々が共に働くようになるにつれて、不満を引き起こす要因が変わっていきました。今日では、福利厚生面（休暇、勤務場所、業務スケジュール、労働時間など）の衛生要因に注意を払い、従業員が不満を持たないようにしなくてはなりません。

　中には、こうした要因は自分の管轄外のことで、チーム外の第三者がこれらの交渉に当たるものだと考えているマネジャーもいるでしょう。しかしその場合でも、部下が不満を抱いているのに気づいたら、行動を起こさなくてはなりません。見て見ぬふりをしていれば、モチベーションの向上や業績改善の妨げとなるからです。

　不満をめぐる問題に対処するために、次のステップを踏んで、できる限りの手を尽くしましょう。

❶状況を認識する

　注意を向けて状況を認識し、その問題について話し合えば、部下は気が済むこともある。マネジャーがその問題を取り上げ、自分の懸念に耳を傾ける気持ちがあるという事実だけで、不満が最小限に抑えられ、時には解消される。

❷コミュニケーションをとる

　部下は多くの場合、なぜ規則を改定する必要があるのか、なぜオフィススペースを減らすのかを知らされていない。何かを変更するのであれば、質問や説明の場を設けたほうがよい。理由を説明してそれについてスタッフと話し合うようにすれば、理解が得られるだけでなく、しばしば不満の軽減につながる。

❸ **解決に向けて取り組む**
　部下とミーティングをして、一緒に方向性を決めるという行為は重要である。できれば状況認識にとどまらずに、問題解決のための計画を話し合うのが望ましい。
❹ **行動を起こす**
　行動して結果を出すことが、部下を満足させる唯一の方法という場合もある。それが難しい場合は、その事実を伝えたほうがよい。

　衛生要因はモチベーションの誘因ではないと確信するハーズバーグは、自尊心と自信を確立するという部下たちのニーズに応えるために、マネジャーに何ができるかという点に着目しています。

第2レベル：動機づけ要因に働きかける
　部下には、成功に向けて頑張ろうという気持ちが湧いてくるような、内発的動機づけを体験させる必要があります。こうした自然なモチベーションの源泉は内発的、主観的なものであり、個々人によって異なります。内発的動機づけは、仕事の結果や、職場環境に関連した業務と結びついています。動機づけ要因には、以下のようなものがあります。

❶ **達成**
　その人が達成感を味わう機会を持てるような仕事を与えなくてはならない。その仕事には、始まりと終わりがあり、何らかの成果を伴う。
❷ **責任**
　達成感を味わうために、その仕事は自分に任されていると感じなくてはならない。
❸ **意義**
　動機づけを促進するために、その人にとって意味のある仕事でなくてはならない。少なくとも、意味のある労働環境にしなくてはならない。
❹ **承認**
　部下が達成したことを上司が認識していることを、当人に確実に理解

してもらうために、この動機づけ要因を幅広く使うべきである。
❺成長と進歩の機会
　これらの条件は、その人のやる気を引き出すためのものでなくてはならない。

> **Case**
>
> 　ペリー・エリズワースは、ワシントンD.C.で全国農業従事者連合の事務所を運営していた。規模を広げる意向もなかったので、彼が新しく採用した女性秘書には実質的に昇進の機会はなく、当人もまたそんなことは望んでいなかった。彼女は採用が決まるとすぐに、大学院に通いながら3年間はその職場で頑張っていくと約束した。
>
> 　エリズワースが書面を通じて、あるいは役員の前で直接、彼女の担当した仕事を褒めると、彼女は大いにやる気を高めた。エリズワースは、彼女に任せた仕事には一切干渉しない一方で、農業従事者の生活を楽にするために彼が行っているロビー活動が徐々に成功していることを彼女に知らせた。また、何か必要があるときでも、彼女の専用スペースを尊重して勝手に使うことはなかったし、彼女が午後や夕方の授業に出席できるように配慮した。
>
> 　4年後、彼女が修士課程を終えて事務所を去るとき、退職届には農業界の大好きな人たちと離れることは残念だと書かれていた。彼女の専攻は畑違いの演劇だったが、エリズワースのもとでの仕事に嫌気がさしたり、出勤したくないと思ったことは一瞬たりともなかった。

職場の不満に対処する

　モチベーションの源泉をより詳しく見ていくと、一人ひとりの部下の動機づけレベルに影響を及ぼしそうな事柄が把握できます。

　図表2-3の、左の列のチェックリストは、部下の業務に欠如している事柄を発見するのに役立ちます。右の列は、不満の根本的部分から問題の緩和や解決を図るための具体的な方法を示したものです。

図表2-3 動機づけのためのチェックリストと解決策

	業務に欠けているものはないか	問題解決のための行動
達成	・やり終えたと感じる機会があるか。 ・主要な関係者になれるようなゴールや対象があるか。 ・仕事を任されていると感じられるか。 ・継続的にフィードバックが受けられるようになっているか。 ・当事者がゴールに向けた進捗状況を評価できるか。 ・その仕事のために学習したり、技術的知識や専門知識を高めたりする必要性があるか。	・継続的に目標を設定して、モニターする。 ・目標達成度に関して、継続的にフィードバックする。 ・ゴールへの到達が危ぶまれる場合、そのことについて部下と話し合い、目標達成に向けて支援や助言を与える。 ・組織のゴールと個人のキャリア上のゴールが交わる部分を探す。 ・厳格なベンチマーク（コスト、時間、品質など）がない場合、マネジャーと部下の双方が納得できるような進捗確認システムをつくる。 ・部下が新しい仕事を引き受けたがらないときは、学習時間と支援策を設ける。失敗を恐れる人は新しい仕事に抵抗するので、社内外でトレーニングが受けられる機会をつくる。 ・新しいスキルを学ぶために、他者と協力して取り組む機会を部下に与える。
責任	・仕事に一定の自由度があるか。 ・自分で自分の行動を決められるか。 ・一定のリスクを伴うか。 ・部下は自分で意思決定や問題解決を行う権限を持っているか。他の人々に仕事の指示を出しているか。また、重要なリソースについて説明責任を負っているか。	・認められたり影響力が持てるような機会を、部下に与える。 ・助言、意見、提案を聞いた後、適切な対応をしてフォローアップする。 ・失敗しても自動的に非難されるのではなく、学習経験とみなされる場合に限り、人々はリスクがあっても率先して行動し、創造的に考えようとする。 ・権限を委譲し、ある活動を計画し指示を出す機会を部下に与える。

	業務に欠けているものはないか	問題解決のための行動
意義	・この仕事を行うことで、より大きな責任を持つための準備になるか。横方向への異動のための良いトレーニングになるか。 ・その仕事や任務は、やりがいがあるか。 ・仕事そのものに価値があるか。 ・個人の成長につながるか。 ・当人がもっと自信を持てるようになるか。 ・他者と協力する能力は向上するか。	・ずっと立ち泳ぎしているような課題には部下は部下はうんざりしてしまうものだ。 ・部下一人ひとりと一緒に、プロフェッショナルとしての成長につながる業務や業務要素を見つける。 ・異なる業務を十分に与えて、どの課題でも必要なスキルは同じだと部下に感じさせないようにする。 ・組織がミッションの達成へと進んでいくうえで、ある課題やプロジェクトがどれほど役立っているかを、折に触れて部下に思い出させる。 ・定期的な評価の一環として、キャリア開発や対人スキル向上を重視しながら、部下に直近の業務を評価させる。 ・仕事より意味深いものにするためにどうすればよいか、部下に尋ねる。 ・複数のスキルを磨く機会を、部下に与える。 ・業務の中で新しい責任を持つ機会を、部下に与える。
承認	・注目される機会があるか。 ・マネジメントの目に留まる機会があるか。達成したことが認められたり、みんなにも公表されたりすることがあるか。	・可能であれば、他の人々と一緒に働く機会を部下に与える。 ・部下が良いかたちで注目される機会を与える。 ・フィードバックや注意ができるような人間関係を築く。 ・(たとえば、期限通りに予算内で品質の高い仕事をやり終えたことに)マネジャーが感謝していることを示す。「ありがとう」の言葉だけでも効果があることを忘れずに。
成長と進歩の機会	・その仕事から学ぶことができるか。 ・(上または横方向への)昇進は可能か。 ・新しいスキルを学べるか。 ・仕事の結果は、組織内で人々の目に触れるか。	・各自のキャリア上のゴールを尋ねる。 ・クロストレーニングとローテーションの機会を探す。 ・希望する分野を学ぶ機会を与え、組織内で成長できるようにする。

モチベーションの源泉を見つける

図表2-3にあるような問いを参考にしながら、部下を観察してニーズが満たされているかどうかを判断し、そのうえで部下に質問します。

部下にとっては、うまくいっていることや、いっていないことをマネジャーに話せるチャンスなので、率直さを心がけます。力になりたいという姿勢で問いかければ、相手のことを気にかけていることや、そこで得た情報を前向きに使おうとしていることが伝わります。

そうした問いかけによりモチベーションの源泉が見つかったら、**図表2-3**の右の列で示したように行動して、対処します。必要があれば、他の人々と協力して、モチベーションを高めるためにどのような変更が可能かを判断します。環境を整備して、適切な指示や支援をしていけば、やる気はおのずと湧き、個人の業績向上につながります。

適切な量の指示や支援、相応の環境を与えれば、チーム内にモチベーションの高い部下が揃う可能性が高まります。さらに、コーチングと権限委譲の能力がマネジャーに備わっていれば、部下はコンピテンスを高め、組織のために主体的に仕事に取り組むようになります。こうした要因はすべて、部下のモチベーションに強く影響を与えます。

3 成長と発展のために権限を委譲する

仕事を任せれば、個人やグループはプロジェクトや課題に励むようになり、モチベーションが上がります。そして、そこでうまくやり遂げれば、報酬を手にすることができます。マネジャーにとっても、組織内でより高いレベルのコントリビューターとして認められるための成長機会となります。

どこまで権限委譲をするのが自分にとって望ましい状態なのかを知ると、自分の権限委譲スキルのレベルがわかります（**図表2-4**）。

図表2-4　権限委譲スキルの自己評価

「常にそうである」という回答が多いほど、権限委譲のスキルに秀でている。

仕事を抱え込みすぎている場合、部下を探して自分の仕事の一部を任せる。
☐常にそうである　☐たいていそうである　☐時々そうである　☐まったくそうではない

部下に期待していることを理解させている。
☐常にそうである　☐たいていそうである　☐時々そうである　☐まったくそうではない

あるプロジェクトで権限委譲をした場合、すべてのチームメンバーが、そのプロジェクトで誰がリーダーシップをとり、どんな権限を持っているかを理解している。
☐常にそうである　☐たいていそうである　☐時々そうである　☐まったくそうではない

部下に仕事を任せるとき、自分の知っているそのテーマの情報をすべて提供する。
☐常にそうである　☐たいていそうである　☐時々そうである　☐まったくそうではない

組織内で、権限委譲は成長と承認の機会として受け止められている。
☐常にそうである　☐たいていそうである　☐時々そうである　☐まったくそうではない

あるプロジェクトに参加させる前に、部下のスキルと知識を考慮する。
☐常にそうである　☐たいていそうである　☐時々そうである　☐まったくそうではない

部下に仕事を与えるときには、どうやって達成するかよりも、求めている結果を強調する。
☐常にそうである　☐たいていそうである　☐時々そうである　☐まったくそうではない

優秀な人材に仕事を権限委譲するのは容易なことである。
☐常にそうである　☐たいていそうである　☐時々そうである　☐まったくそうではない

仕事を任せた後、進捗状況について部下と連絡を取り合う。
☐常にそうである　☐たいていそうである　☐時々そうである　☐まったくそうではない

その仕事を担当する部下に結果責任を持たせる。
☐常にそうである　☐たいていそうである　☐時々そうである　☐まったくそうではない

権限委譲はなぜ必要なのか

　プロジェクトや課題をより多く引き受けられるスキルや熱意のある部下には、マネジャーは権限委譲することができますし、そうすべきです。なぜならば、効果的な権限委譲を通して、スキルと知識レベルの向上に向けて部下をコーチングできるようになるからです。

上手に権限委譲することで、部下は任されたという経験を通してさらに能力を高め、熱心になります。その結果、マネジャーは権限委譲できない課題に取り組むために、自分の時間を使えるようになります。

　権限委譲をまったくしなかったり、場当たり的に仕事を任せたりするマネジャーは、部下を混乱させてやる気を奪うおそれがあります。これでは、部下のスキルも知識レベルも向上しません。

　他の人々を介して仕事をやり遂げることがマネジャーの主な仕事である以上、権限委譲は重要な業績管理ツールなのです。

Case

　ある大きな非営利の博物館で、5人の担当者が熱心に資金調達業務に取り組んでいた。最初の数年間はCEOが彼らを直接マネジメントしていたが、博物館が大きくなるにつれて、他の仕事に忙殺されて、あまり良い仕事ができていないことを自覚した。そこでディレクターとしてジャネットを雇い、開発関連業務を取り仕切ってもらうことにした。

　すると、ほどなくして生産性の問題が発生した。そのことはCEOの目にも明らかだったので、CEOは業績評価の際に、ジャネットの部下の一人ひとりに、「彼女と一緒に働いてどんな具合か」と尋ねた。CEOは、すぐに生産性の問題への答えを見つけた。

　ジャネットは法人組織からの資金調達の経験を有していたので、当然のように、資金調達業務で企業、基金、政府をそれぞれ担当する部下の仕事に口出しをして、「是正」させた。その一方で、これまでの経験とはやや離れた分野である、イベント企画や個人からの寄付案件については、担当者のやりたいように任せた。また、この部門の業務支援者の仕事には関心がなかったので、介入することもなかった。

　CEOが気づいた点を指摘すると、ジャネットはショックを受けた。自分は資金調達担当者たちを支援しているのであって、邪魔はしていないと思っていたのだ。彼女が真剣に権限委譲に取り組むようになると、生産性の問題は解消されていった。

他の人々を巻き込めない限り、おそらくマネジャーの役割を果たすのに苦労することでしょう。こなしきれないほどの業務を抱えていると感じ、仕事の負荷と責任に押しつぶされそうになるかもしれません。毎日が困難なことだらけで、出社するのさえ困難に感じるようになるかもしれません。

　権限委譲を学ばなくてはならない理由を整理してみましょう。

- より多くの仕事ができる。
- 部下の関与が高まる。
- 離れた場所からでも、より効果的にマネジメントできる。
- そうしたプロセスを通して、部下が成長する。
- 企業にとって費用対効果が高い。

　これほど明確な理由があるのに、驚くほど多くの新任マネジャーが権限委譲を敬遠しがちです。権限委譲をして、仕事をやり遂げる栄誉が他の人の手に渡ってしまうことを恐れたり、仕事のやり方を本当に知っているのは自分だけなので、他の人の手に委ねるのは間違いだと考えたりしているのです。

　言い換えるならば、部下の能力を信用していないか、単に他の人にその課題の必要条件を説明するほど忍耐強くないので、自分でやったほうが手っ取り早いと思っているわけです。その他、権限委譲の経験が乏しいために、どのように始めればよいか単純にわからないケースも見受けられます。

権限委譲の5つのステップ

　プロセスそのものがよくわからないために権限委譲に抵抗を感じるのなら、次のステップが役立つはずです。

ステップ1：業務の分析

- 現状を見極める。それは、より大きな取り組みの一部なのか、一連の取り組みの中の次のステップなのか。
- その業務を終えるのにどれくらいの時間がかかるのか、現実的に見積もる。時間的な制約がほとんどないプロジェクトは、スケジュールの厳しいプロジェクトよりも、権限委譲に向いている。
- 予算と利用可能なリソースを判断する。組織には、特定の業務に限定されたリソースや、マネジャー以外は利用できないようなリソースもあるので、「利用可能」であるかどうかは非常に重要である。
- 具体的で測定可能なゴールを確認する。

ステップ2：権限委譲の対象者の選定
- その仕事をするために必要な知識とスキルを確認する。
- その仕事の要求事項と権限委譲の対象者のマッチングを行う。場合によっては、前にやっていた仕事が別の業務を任せるための準備になることもあるので、職歴を考慮する。
- 必要なトレーニングや支援はすべて行う。
- チェックポイントを推定しておく。

ステップ3：業務の割当て
- 業務とゴールを説明する。できる限り、組織のミッションの流れの中でゴールを設定する。
- 権限委譲する相手に、なぜ（あなたを）選んだのか、その理由をきちんと説明する。選ぶ際に、その人の能力や関心について、あなたは思い込みを持っているかもしれない。具体的に説明すれば、権限委譲された人には、うまくやり遂げるためにどうすればいいかを考える糸口となる。
- 責任と権限を具体化する。対象者がその業務を誰かと共有したり、さらに権限委譲してもよい場合は、そのことを明確にしておく。

ステップ4：業務の実践

- 権限委譲した人に与えられた権限について、他のスタッフと共有する。権限委譲の事実を誰も知らない状況で、その人が権限を行使しようとして、気まずい立場に追い込まれないようにする。
- 権限委譲した相手に、業績に影響しそうな問題や状況について常に知らせる。

ステップ5：定期的なフィードバック
- 早期に問題を明らかにする。最新状況を早めに把握するだけでも、厄介な問題を解決したり、準備不足を挽回できる可能性がある。

権限委譲してはいけない業務もある

　権限委譲のプロセスを知ったからといって、すぐに飛びつくのは禁物です。権限委譲が可能でかつそうすべき業務と、自身で対応したほうがよい業務とを区別することは、権限委譲のやり方を知るのと同じくらい重要です。他の人々にうまく割り振れる仕事と、自分自身でやる必要のある仕事を対比させて考えましょう。

　権限委譲が可能な業務には、次のようなものがあります。

- 部下がすでに行っている仕事と関連性の高い業務。
- 手順と最終結果が明確に決まっている業務。
- 通常の仕事の流れに沿った反復的な業務。
- 部下が自分で組み立てられる業務。

　ただし、厳しい時間的な制約がある場合は、これらも権限委譲すべきではない業務に変わることがあります。

Case
　ジュリアは大学を優秀な成績で卒業した後、マディソン街の広告会社に入社した。彼女は知的で几帳面だったので、上司は多くの業務を

任せすぎた。それは、自分のペースで進めていけば処理できる業務だったが、上司の期待に応えるためには夜も週末も働かなくてはならなかった。

　ある土曜日の午後、ジュリアはついに行き詰まってしまった。泣きながらオフィスを飛び出した彼女は、急いで実家のある南方面に向かう電車に飛び乗った。

　こうしたプレッシャーのもとで成功する性格の人もいますが、大半の人はそうではありません。任せた仕事に部下がどう対応しているか、マネジャーは気を配る必要があります。

　権限委譲が不適当な状況として、次のようなものが考えられます。

- 非常に神経を使うタイプの業務（給料の査定、懲戒処分など）。
- 内容が明確に定まっていない業務や、その業務をめぐって何らかの不確実性がある場合。
- 意思決定が絡んだ業務で、上層部がマネジャー本人にやってもらいたいと思っている場合。
- 人的資源、設備、資金などのリソースが、非常に限られている場合。

4 業績を押し上げるコーチング

　コーチングは、部下とマネジャーの双方のスキル開発と業績を高める環境や関係を整備するためのプロセスです。
　プロのコーチで、『マネジャー入門』第6版（日本語版未訳、原題 The First-Time Manager）の共著者でもあるジム・マコーミックは、そのプロセスについて、「コーチングの根本は、現状と望ましい状況を特定した後で、チームメンバーが第1段階から第2段階へと続く道筋を描き、一歩踏み出すのを助けることである」と、まとめています。

継続学習、モチベーション、成長という組織文化に関するマネジャーの取り組みの中で重要な要素となるコーチングは、職場内の懸念を緩和させるだけでなく、業績向上にも役立ちます。

　業務や活動と直接には関係ないものの、チーム内の環境や人間関係に確実に影響を及ぼす問題について、部下のコーチングが必要になることもあります。たとえば、取締役の会議に呼ばれた場合、ジーンズよりもスーツ姿がふさわしいのであれば、部下に服装についてコーチングすべきでしょう。

　コーチングは、部下と共同で高業績を生むためのマネジャーの主要なスキルの1つです。**コーチングと権限委譲という業績管理スキルを補完しあいながらうまく使っていくことで、マネジャーはその報酬に見合った働き、つまり、他の人々と一緒に、あるいは他の人々を介して結果を出すことができるようになります。**

コーチングが必要な場面

　コーチングをすべき理由と、コーチングが行われる状況は明らかです。今日の変化の激しい職場では、コーチングは個人の能力開発において望ましい戦略と言えます。より少ないリソースでより多くのことを成し遂げるには、マネジャーが部下の責任範囲を広げ、より自発的に働けるように支援し、問題解決に尽力するよう促すよりほかに手立てがないからです。

　コーチングをしなくてはならない実際的な理由を、いくつか挙げてみましょう。

▶TQM（総合的品質管理）
　現場のマネジャーの役割は、監督ではなくコーチとしての役を果たすことである。コーチングでは、やるべきことを教えるよりも、問題の解決策を考え出す作業を手伝うことで部下を支援していく。

▶組織構造

フラット型組織では権限の範囲を拡大させてきたので、すべてのゴールを達成するためには、マネジャーは特定の業務活動のディレクター役よりもコーチ役を務めなくてはならない。

▶スタッフの動機づけ

今日の従業員は、厳格でコントロールの強いマネジメントスタイルに寛容ではなくなってきた。新しい世代が職場に入ってくるにつれ、多様な人々のやる気を引き出し、成功の機会を与えるための配慮がますます重要になるだろう。

▶組織の変化

組織は絶えず変わっていく。顧客の期待が高まり、競争が激化しているグローバル経済では、特にコーチングが重要である。

コーチングのプロセス

コーチングのプロセスは、次の5つに整理できます。

❶観察したことを述べる
❷反応を待つ
❸部下にゴールを思い出させる
❹具体的な解決策を尋ねる
❺その解決策について合意する

コーチングにはそれなりの準備が必要ですが、その点についてマネジャーはしばしば甘く見てしまうものです。部下が、どれくらい真剣に受け止めればよいのか混乱してしまうのを避けるためにも、場当たり的なコーチングセッション（コーチとコーチングを受ける相手との会話）は禁物です。

マコーミックも述べていますが、コーチングプロセスの目的は改善案を退けることではなく、その対極にあります。つまり行動方針をめぐる戦略を構築することです。コーチングに十分な時間を割くことは、その

効果に大きく影響します。あなたがやり遂げたいことを明確に理解してもらえるようになるのであれば、多少の時間をかけるだけのかいはあります。

　最初に考えるべきは段取りで、それができていれば、次にやるべきことを、走りながらではなく、前もって調整できるようになります。

　コーチングセッションを行う際には、次の点に注意します。

- 部下と一緒に、双方の都合がよい時間を設定する。それぞれが会話に集中できることが大切である。他の人の仕事や個人的な問題でどちらかの気が散るようなら、互いの話を本気で聞くことは難しい。
- 実施するコーチングにふさわしい場所を見つける。目指しているのが業績の改善ならば、個室で行うようにする。
- 部下と一緒に、望ましいコーチングセッションの結果を確認する。長期だけでなく短期的にも、どのような成果を目指すのかを決めておけば、セッションの効果は増す。最終的に部下が活用したいと思うのは、どのようなアイデア、方向性、行動計画なのかを考えておこう。

　セッションの計画に加えて、効果的なコミュニケーション技術を用いて実際にコーチングを行うことが大切になってきます。**図表2-5**は、場の設定からモニタリングまでの段階ごとに、セッションに役立つコミュニケーション方法を示したものです。

　マネジャーには、部下全員の可能性を最大限に引き出していく責任があります。コーチングは、それが実現されているかどうかを確認する方法です。したがって、突出した成果を出している部下にも、スキルや振る舞いを改善していく必要のある部下にも、コーチングは定期的に行います。

図表2-5　コーチングで役立つコミュニケーション

	注意するポイント	コミュニケーション技術
場の設定	▶なぜこのセッションを行うのか。 • どんな出来事により、このセッションが必要になったのか。 • それは対処する必要のある問題か。 • 部下に新しい責任を持たせる機会を与えたいのか。 • ただ年間の目標の進捗状況を確認したいだけなのか。	▶明確化（具体的にする）。 • 相手を責める言葉は使わずに、気づいた業績上の問題点を明確に述べる。 • 問題を特定する。 • 新しい責任の概要を説明する。 • 関連する問題を詳しく調べる。 ▶1つの問題、あるいは密接に関係する2つの問題に絞って述べる。 • なぜ変えることが重要なのかを話し合う。 ▶未来志向を心がける。 • 望ましい変化について述べる。失敗の理由を求めてはいけない。
問題の説明と絞り込み	▶何が起こっているか。 • 実際に起きていることを見極めるために、どのような質問をするか。 • 部下はどう思っているか。 • 問題の原因について、自分はどう判断するか。	▶自己発見を促す。 • 起こっていることを聞き出すために質問する。可能性を見つけ出す。 • 注意を払う。 • 積極的に聞く。話を遮らない。 ▶相手を認める。 • 真剣に会話していることを示す言語的、非言語的なサインを送る。 ▶情報を集める。 • 質問、承認、精査、熟考により、考えを整理する。
合意の形成	▶どのように合意するか。 • その状況について話し合うときに、何を見聞きしているか。 • どうやって、その問題に関する合意をとりつけるか。	▶確認する。 • 同じ立場に立って、問題と原因に関する相互の合意に達する。 ▶尊敬の念を示す。 • けなす、一般化する、批判することは避ける。 ▶支持する。 • 部下の強みと前向きな見通しを述べる。

	注意するポイント	コミュニケーション技術
可能な解決策や選択肢	▶目標に合わせて、どのようなアプローチをとるか。 • 解決策を見つけるために、部下にどんな励ましの言葉をかけるか。 • 知識を増やし向上するためのトレーニングを受ける。成長するために同僚とパートナーを組むことを提案するか。	▶ブレーンストーミング。 • できるだけ多くの解決策や選択肢を考え出し、どのようなアイデアに対しても、批判的な態度は避ける。 ▶結論を導き出す。 • それぞれの選択肢の良い面、悪い面を評価する。 ▶決定する。 • その状況に最も合う選択肢を決める。
目標設定と行動計画の策定	▶とるべき行動はどれで、どのような結果になるか。 • このセッションの結果として、部下にどのような行動をとってもらいたいか。 • その行動をとるに当たり、何らかの具体的な時間枠をきちんと設けているか。 • あなたの提案や要求内容に従わない場合、（良きにつけ悪しきにつけ）どのような結果になると思っているか。 • 部下にとって新しいポジションがあるか、あるいは、昇進の準備となるか。	▶計画する。 • 戦略を策定して、マイルストーン、時間枠などフォローアップに関して合意する。 ▶戦略を練る。 • トレーニング、一対一の指導、コーチング、リソースを検討する。 ▶要約する。 • 共通の理解と当事者意識を強めるために、主要なポイントを再確認する。
モニタリング	▶次に起こることは何か。 • とるべき行動がほかにあるか。 • 次のセッションを予定しているか。	▶最後までやり通す。 • 誰が、いつ、どのように対応するか、詳細なフォローアップのプロセスを整備する。

図表2-6のコーチング計画用ワークシートは、対象とする部下のタイプを選ばずに、活用することができます。6つのステップを実践していけば、脱線することなく、目的を達成できます。

図表2-6　コーチング計画用ワークシート

コーチング計画用ワークシート

対象者名 ＿＿＿＿＿＿＿＿＿＿＿＿＿＿＿＿＿

実施日 ＿＿＿＿＿＿＿＿＿＿＿＿＿＿＿＿＿＿

当該職務／状況の開発レベル ＿＿＿＿＿＿＿＿＿＿＿＿＿＿＿＿＿＿＿＿＿＿＿＿

ステップ1：準備する
　　コーチングセッションを行う理由について、詳しく説明する。

ステップ2：項目を明確に説明して集中する
　　この状況下で成果の改善や向上のために、どのようなアプローチを提案するか。

ステップ3：合意をとる
　　コーチングが本人のためになることを、部下にどのように納得させるか。

ステップ4：可能な解決策や代替案を出す
　　部下に対して、どのように一緒にブレーンストーミングをしようと持ちかけるか。

ステップ5：目的を設定し行動計画を立てる
　　必要があれば、部下と一緒に、行動、スケジュール、結果などの具体的な計画を考える。

ステップ6：モニターする（次のステップ）
　　どのようにフォローアップしていくか。

第 3 章
Managing Staff Changes
人材マネジメント
―― 部下を変化に対応させる

組織では、戦略的・戦術的な必要性、ステークホルダーの要請、CEOの意向などのさまざまな理由によって変化が生じます。優れたマネジャーは、部下が変化に上手に対応できるように支援するとともに、新規採用やアウトソーシングなどを通じて、必要な人材や機能を効率的に確保していかなければなりません。

1 変化に対する恐れを理解する

　組織内で起こるあらゆる種類の変化に対応するために原則を設けておけば、部下はそれに基づいて、人事関係の変化にも対処できるようになります。

　一部の人々にとって、変化を受け入れることはどうしてこれほど難しいのでしょうか。変化によって我が身に影響が及びそうだと気づくと、人は往々にして未知のことに対する恐れを抱きます。

　変化で影響を受ける部下を、マネジャーとしてどう支援するかによって、部下の「新しいやり方」を受け入れる能力に差が生じます。みんながみんな、職場で起こる変化にワクワクしていないことを忘れず、新しい環境に不安を抱かせないように支援することは、マネジャーの責任の1つです。

　マネジャーにできることは何でしょうか。最も重要なのは、変化への対応を難しいと感じる人々が多いという事実を理解することです。その理解があれば、コミュニケーションのとり方や内容を工夫して、新しいやり方への移行を進めやすくなります。

　変化に対応しようとする部下に対するコミュニケーションのポイントを、いくつか挙げてみましょう。

- 人々が困難を感じていることを理解する。
- 短期的な成功の機会をつくり出す。
- 達成したことを褒める。
- 変化に対応した結果として生まれる、自分と部下との新しい関係を明確にする。
- MBWA（Management By Walking Around＝現場を歩き回ってマネジメントする方法）を用いれば、いつでも支援を必要とする部下の求めに

応じられる。
- 事情が許せば、今後の変化について部下に話す。
- 適切な場合は、異動に関する意思決定に部下を参加させる。

同時に起こる変化の数は極力少なくします。あまりにも変化だらけでは混乱を招き、意欲を低下させてしまいます。別の変化が重複する前に、最初の変化に順応させるようにしましょう。こうしたポイントを守れば、変化への対応がスムーズに進む確率は各段に高まります。

『レンジャーが道を拓く』(日本語版未訳、原題 Rangers Lead the Way: The Army Rangers' Guide to Leading Your Organization Through Chaos)の著者、ディーン・ホールによると、変化に対する感情のサイクルは、否定から抵抗、吟味、関与へと進んでいくそうです。
　部下に変化の理由やメリットを伝え、吟味の段階に移行させることができれば、彼らは関与の段階へと進むために質問をするようになります。そのタイミングでミーティングを開けば、変化にうまく対応する方法について、さまざまなアイデアが出てくるでしょう。

2 採用に伴う6つの課題

従業員を増やす、または減らすときには、組織内の人々にその理由を知らせる必要があります。どの組織でも、次に挙げるような要因によって理想的な人材補完が難しくなり、内部での人事異動が必要になるかもしれません。

- 適任者の確保
- 景気変動
- スキルレベルの変化
- ロイヤルティとコミットメント

- アウトソーシング
- 社内人材の期待

適任者の確保

　採用上の最も一般的な課題は、新しく採用した人々が組織文化と相性がよく、他のチームメンバーともうまくなじめるか、ということです。組織との不適合は離職の理由となるので、「適材適所」は採用上の最重要事項と言っても過言ではありません。

　誰が最も適任であるかを考えるときには、次のように問いかけてみましょう。

▶組織として何を期待するか
　第2章で紹介したジュリアの話は、マディソン街やウォール街の企業によくあるケースで、上のポジションに向けて訓練するために若手を厳しく追い込む組織文化と言える。対照的に、多くの企業ではワークライフバランスが重視されるため、週末を仕事場で過ごす従業員は激励されるどころか、カウンセリングを受けさせられる。

　自分たちの組織が従業員に期待することを確認する際には、複数の要因を考えなくてはならない。

▶組織内で活躍している多くの人に共通する資質は何か
　仕事面だけでなく、ロイヤルティ、思慮深さ、熱意など、活躍している人々が日々職場にもたらす無形の要素を重視する必要がある。

▶尊敬を集めやすいのはどのような性格の人か、逆に孤立させてしまう要素は何か
　この問いの重要性を物語る象徴的な話がある。

> **Case**
> 　カリフォルニア州トーランスのある新興企業は、電子医療記録用データベースの開発を統括してもらうために、経験豊富なプログラマー

を2人採用した。1人はすぐに他のスタッフと打ち解けたが、もう1人は自分のコンピュータにかじりつきになっている様子だった。

　彼女が入社して8カ月間というもの、みんなは彼女を会話に引き込み、業務外の活動に誘おうと努力した。彼女は自分の仕事を心から楽しんでいたが、最終的に社内でうまくやっていけなくなった。というのも、グループのメンバーにとって、彼女の性格は到底なじめないものだったのだ。

　対照的なケースもある。デニス・クルティエはネットワークセキュリティの新興企業であるウォッチガード・テクノロジーズ（その後成長し、従業員数400人以上の会社となった）のセールス担当バイスプレジデントを引き受けたとき、自分がうまく溶け込めるかどうか心配していた。周囲はほぼ全員が技術系なのに対して彼のバックグラウンドは消費財だったからだ。

　そこで彼は、前職のプロクター・アンド・ギャンブルのセールス担当という経歴に絡めて、「私はしがない漂白剤の（色褪せた）セールスマンですから」と冗談を飛ばした。彼はその人柄によって、職場にすんなり溶け込むことができた。

▶組織文化はどのようなものか

「ミッション」と「文化」をくれぐれも混同しないように。たとえば、ある玩具メーカーのミッションが、「子供たちを笑顔にする製品をつくる」という、表向きは遊び心に富んだものだったとしても、その背景には非常に要求の厳しい組織文化があるかもしれない。また、その逆の場合もあるだろう。

▶リスク許容度はどのくらいか

　リスクをどの程度とるかは、組織の文化や仕事の進め方で大きく異なる。リスクを徹底的に嫌い、組織を「安全」に保とうとして、営業のプレゼンテーションから人事の手続きまで、何から何まで文書化しているところもあるだろう。

相性の良さが大事なことを示す事例を紹介しましょう。

> **Case**
>
> シャーロットがキャンディス（仮名）を採用したのは、知的で、学歴上の資格が採用要件を満たしていたからだった。そのうえ彼女は、容姿も極めて魅力的だった。
>
> しかし、いざ仕事を始めて見ると、大きな問題を抱えていることが明らかになった。オフィスにいる36人のスタッフのうち、誰ひとりとして、彼女と一緒に何かしようという気持ちになれなかったのだ。それから3カ月のうちにシャーロットは退職し、マリアンが後任としてキャンディスの上司となった。
>
> マリアンとキャンディスは個人的にはうまくやっており、いくつかの共通する趣味もあった。しかし仕事の面では、他のスタッフが眉をひそめて「今キャンディスが何をやらかしたか知ってる？」と話す光景を、マリアンはしばしば目にした。
>
> マリアンはキャリア上のゴールについてキャンディスと率直に話し合い、ミスマッチの原因を見つけた。それは、初めて就職した新卒者によくありがちな問題だった。
>
> キャンディスはその貿易会社での編集業務を、自分が本当にやりたいと考えている、広告やマーケティング分野での創造的な仕事をするための踏み台とみなしていた。技術面だけを見れば彼女は自分の仕事をよくこなしていたが、他のスタッフのミッションのために自らの素養や持てる力を共有しようとはしなかった。こうしたミスマッチの解決する術はない。結局キャンディスは、自ら進んでその会社を去っていった。

景気変動

グローバル経済や各国経済は景気循環で良くも悪くもなりますが、人材面での最大の関心事は業界内の動向です。世の中全般が不景気でも業

界が盛況ならば、自社や競合他社は新規採用のために同じ資質を持った人材プールに当たることになり、経済環境は求職者にとって有利に働きます。

一方、競争が激しく（しかしいったい、そうでない時期などあるでしょうか）、大量の求職者が就職先を求めており、自社にも競合他社にも財務的な余裕がない場合、経済環境は雇用主にとって有利に働きます。

▶市場が求職者に有利なとき
- 求職者は、手当、労働条件、時間などの条件面で、より多くを要求する傾向がある。
- 求職者は、不満を抱きながら行動し、労使関係にひびが入りやすい。
- 求職者は、自分のスキル、期待する給与、関心に、よりマッチした仕事を求めて、辞めていく可能性が高い（そのうえ、ほとんどの場合、辞意を伝えるのは直前である）。
- 雇用主は、力関係の変化に憤り、「形勢が逆転するまで待つ」態度をとるかもしれない。
- 雇用主は、給与や手当の高騰ぶりに憤慨するかもしれない。
- 雇用主は、時として、それほど理想的とは思えない新規採用者で空いたポジションを埋めなければならないように感じることがある。

▶景況が雇用主に有利なとき
- 雇用主は、より選択的な採用活動を行う傾向がある。
- 雇用主は、求職者の要求にそれほど前向きに応じようとしない。
- 雇用主は、求職者に対する期待レベルを引き上げることは、妥当だと思いやすくなる。
- 求職者が、普通なら歯牙にもかけない仕事につく可能性が高まる。
- 求職者は、自分にふさわしいと思う水準以下の給与を受け入れるかもしれない。
- 求職者は、不本意な雇用条件であっても同意するケースが増える。

スキルレベルの変化

　組織が求めているスキルと既存の従業員が持つスキルとの間にミスマッチがあれば、新規採用は急務となります。当然ながら、必要なスキルを持った人材を採用するときに難しいのは、求職者の実力をきちんと評価することです。履歴書に書かれていることがすべて事実だとは限りません。

　多くのアナリストが、労働者が仕事にもたらすものと、雇用主が必要とするものとは得てして釣り合わないことを指摘しています。経済学者はこの不均衡を、「人的資源における需給アンバランス」と呼びます。

ロイヤルティとコミットメント

　人員の補完をさらに複雑にしているのは、従業員のロイヤルティ（忠誠心）とコミットメント（責任感を持って関与すること）が一定ではなく、変動するという事実です。

　有意義な仕事を獲得して、感謝の気持ちを抱いていた従業員も、仕事が面白くなくなったり、もっと良いチャンスに巡り合ったりすれば、その会社にとどまる義務を感じなくなるのが普通です。しかし、誰であっても、数カ月であれ、数年であれ、そこにいる限りは、自分の仕事と雇用主に忠実でなくてはなりません。

　ロイヤルティは両方向に作用します。つまり、雇用主が従業員に対してロイヤルティを望むのであれば、自らも彼らにロイヤルティを与えなければなりません。従業員と雇用主の双方の期待を結びつける能力をマネジャーが持っていれば、組織のロイヤルティを分析して欠陥を指摘できるようになります。

▶ロイヤルティに関して、従業員が雇用主に求めること
- キャリア開発、仕事と家庭のバランスをとりたいというニーズに対し

て、配慮がある。
- 支援と励ましがもらえる。
- 公正かつ公平な報酬を払ってもらえる。
- 公正かつ公平な職場の方針が打ち出されている。

▶ロイヤルティに関して、雇用主が従業員に求めること
- 競合避止義務（同業他社への転職を避けること）を守る。
- 企業の方針や決められた手順を忠実に実行する。
- ある程度の期間、続けて勤務する。
- 外部の人に対して、自社について好意的に話す。

アウトソーシング

　景気変動と適切なスキルを持った人材の確保という2つの理由から、近年、海外へアウトソースする企業が増えています。

　アメリカ労働省とフォレスター・リサーチの共同調査によると、オフショア（海外）での雇用は2005年の約58万8000件から、2015年には330万件以上になると見込まれています。その職種は、マネジメント、商業、コンピュータ、建築、生命科学、法律、デザイン、販売、事務など多岐にわたります。

　インディアナ州インディアナポリスにあるハドソン研究所の経済競争力センター上級研究員兼ディレクターのグレアム・トフトは、海外での教育水準の向上に加えて、グローバル市場における競争激化に伴い、企業がますます価格圧力にさらされるようになっていることが、オフショアリングが拡大する主な理由だと指摘します。

　多くの組織にとって、アウトソーシングはコスト削減を実現し、時差を活用し、顧客がいる場所に行く、健全な動きのように見えるかもしれません。しかし、負の側面もあります。まず、賃金の高い仕事、技術や知識などが海外の労働者に奪われるという、国家・国民としての損失があります。また、それぞれ組織においても、従業員の生産性と士気に悪

影響を及ぼしかねません。

社内人材の期待

　人員をめぐる変化に対するニーズや課題として、最後に挙げるのが労働者の期待です。

　次に挙げるアメリカ人の世代ごとの特徴はあくまでも一般論です。もしかしたら、「ルール」の例外に当たる人々が真っ先に思い浮かぶかもしれません。しかし、ここには、現在の部下や新規採用者について考慮すべき要因が含まれています。

　なお、世代ごとの特徴については、リーダーの振る舞いについて取り上げる第6章も参照してください。

▶シニア世代（1946年以前の生まれ）が職場に期待すること
- 社員交流の機会が認められている。
- 一貫性のある統一された方針、手順、業績予測を用いている。
- 標準化された職業倫理を求めている。
- 互いに尊重し合っている。
- 中心となる企業のビジョンがある。
- 秩序立った事業アプローチを維持している。
- 雇用が確保されている。
- ロイヤルティとコミットメントが認められ、報いられる。
- 予想される成果が示されている。
- 経験が重視される。

「シニア世代に該当する人々はすでに引退した」と考えがちですが、完全にいなくなったわけではありません。たとえば、取締役会の一員として、職場の力関係にいまだに影響を及ぼしている可能性があります。彼らの期待は依然として、大きな影響力を持っています。

▶ベビーブーム世代（1946〜1964年生まれ）が職場に期待すること
- 柔軟な仕事のスケジュールを許容する。
- 一貫性のある方針、手順、業績予測を用いている。
- チームワークを強調している。
- 一人ひとりが影響力を発揮することが奨励される。
- 望ましい職業倫理があり、それが周知されている。
- 誠実で、対立的ではない環境を提供している。
- 個人の業績が、みんなの前で認められる。
- 長時間働く人々が報いられる。
- 新しい考えを重視している。

　ベビーブーム世代も、すでに定年を迎えたり定年間近だったりするので、影響力は弱くなっていると新任マネジャーは思うかもしれません。しかし、この世代は生産性や知的チャレンジを維持したいと考えているうえに、長く働く可能性もあるので、職場ではしばらくの間、重要な勢力であり続けます。

▶ X世代（1964〜1982年生まれ）が職場に期待すること
- 形式張らない雰囲気。
- 自立を認め、促している。
- 課題よりも成果に集中する。
- 方針をあまり重視しない。
- 最新の設備や技術を提供している。
- ワークライフバランスを支援して、促している。
- 研修や人材開発が重視され、その機会が提供される。

▶ ミレニアム世代（1980〜2000年生まれ）が職場に期待すること
- 最新の設備や技術が提供される。
- 楽しさがある。
- 多様性がある。

- 違いを出そうと努力している。
- 一貫性のある統一された方針、手順、業績予測を用いている。
- 前向きで楽観的である。
- 一人ひとりが影響力を発揮することが奨励されている。

　複数の世代が共存する職場をつくるためには、このような異なる価値観が交わるためのさまざまな方法を検討しなければなりません。各世代の表面的な期待の裏にある、隠れた共通性に注目してみるのも1つの方法でしょう。

　たとえば、シニア世代、ベビーブーム世代、ミレニアム世代はいずれも、一貫性のある統一された方針や手順、業績予測を用いていることを重視するようです。これに対してX世代は方針をあまり重視しないとよく言われますが、必ずしも真実ではありません。自分だけが例外扱いとされ、ある方針のせいで何らかの不利益を被っていると感じれば、考えを改めるのは想像に難くありません。

　同様に、同僚との人間関係では、シニア世代は尊敬を、ベビーブーム世代はチームワークを強調します。しかし、尊敬されたければ頼りになるチームメイトになる能力が必要ですし、良いチームメイトになりたければ尊敬される必要があります。

　こうして複数の要素が入り交じる中に、楽しいことを好み、多様性を重視するミレニアム世代の価値観が入ってきますが、ここでも、チームワークや尊敬がベースにあることは明らかです。

　X世代が目指しているワークライフバランスもまた、その根幹には尊重という価値観があります。

3 採用活動計画を立てる

　前節までに述べた一般的な期待を念頭に置きつつ、採用活動計画を立てます。採用活動を始める前に、以下の4つの重要なポイントを検討し

ましょう。

❶コストはどれくらいかけられるか

適任者を探すコストとともに、その人に魅力を感じてもらうためのコストも織り込んでおきます。新卒採用の総経費から、広告をはじめとする特定のリソースにかかる費用を見積もってあったとしても、中途採用の場合、転職費用などの追加費用が発生する可能性があります。

❷どのくらい速やかに空いたポジションを埋めなくてはならないか

たいていの場合、従業員は急に退職を決めます。そのため、ポジションの空席は突然、思いもかけないかたちで生じる可能性があります。最善の防御策は予測することです。時間効率の良い方法をいくつか挙げてみましょう。

- 従業員データバンクを常に更新し、たとえ当面の交代措置であっても、即戦力となる既存スタッフを、調べられるようにしておく。
- 従業員リファラル制度（従業員が人材を紹介する制度）を整備しておき、空席が生じたらすぐに、紹介を求める。
- 過去に面接や評価をしたことのある求職者のファイルなど、速やかに結果が出る確率が最も高い採用情報源を重点的に当たる。
- インターンなどの事前研修者プールがある場合は、それを調べる。ない場合は、整備することを検討する。
- 臨時措置として、非正規労働者を雇う。

❸そのポジションを埋めるために、どれだけ幅広く採用活動を行う必要があるか

たとえば、高度に専門化されたポジションであるために適任者を探しにくい場合や、理想的な候補者の資格要件が曖昧な場合は、人材紹介会社、ヘッドハンター、新聞などを利用して、幅広く募集する必要があります。インターネットなどを使えば、地域の枠を超えて募集することが

できます。

❹ どの採用手法を使えばターゲットに訴求できるか

対象層がどの採用手法を使うかを知っていれば、リクルーターは調査範囲を狭められますが、そうした差別化は日増しに不透明になってきています。

たとえばミレニアム世代は、求人掲示板、バナー広告、交流サイト、電子メール・マーケティング、動画のストリーミングなど、双方向的で代替的なメディアを好む傾向があるとされています。

しかし最近では、年配の求職者も増えていて、彼らもソーシャルネットワーキングサービス（SNS）やインターネット上の検索ツールを使って求人案内を探すことに慣れつつあります。

効率的な採用活動のガイドライン

効率的な採用活動を行うために、押さえておきたいその他のポイントは次の通りです。

● 応募者に速やかに返事ができるように準備する

応募者は、ほんの数分で返事が来ることを期待している。自動回答システムを使えばこちらに資料が届いたことはすぐに知らせられるが、いつ頃、担当者からフィードバックを受けられるかもあわせて伝えなくてはならない。

● 条件を満たさない求職者をふるいにかける

応募前に、資格要件や組織文化との相性を判定するための質問に答えてもらうようにすれば、求職者はその結果を見て実際に応募するかどうかを判断できる。こうした事前のスクリーニングにより、条件を満たした求職者が残る。

ただし、残念ながらこのアプローチには問題も多い。解釈の幅が広す

ぎる質問であったり、求職者を見る目に偏見があったり、プロセスに誤解があったりすれば、実際には条件を満たしていて、相性も良い求職者をはねてしまうおそれがある。

● **ウェブを訪れた人の情報はすべて活用する**

あなたの部門や会社に関心を示してくれた人を、全員採用できるわけではないが、今後の採用戦略に役立つような、求職関連データを集めておくことは可能である。たとえば、自社サイトの閲覧者の学校、所属組織、彼らが見たページ履歴などの情報を収集・分析しておけば、役立つかもしれない。

候補者がある程度絞り込まれたら次は面接ですが、その前に職務説明書を再確認します。そして人材要件をじっくりと見直して、それらが仕事にふさわしいか、募集しているポジションにおける職務が明確になっているかを確認します。求職者に追加情報を提供するための用意もしておきます。

効果的な職務説明書を作成するためには、次のようなポイントに注意しましょう。

- 論理的に順序立てて、業務と責任を記載する。
- 個々の業務について、はっきりと簡潔に述べる。
- その仕事において「重要な」機能と、「必須ではない」機能を確認する。
- 業務ごとのおおよその所要時間の割合を確認する。
- 一般化や曖昧な言葉づかいは避ける。
- あらゆる業務を網羅しようとしない。
- 業務の具体例を入れる。
- 仕事に固有の専門用語でない限り、一般的な言葉を使う。
- 特定の人々に言及しないようにする。
- 過去形ではなく、現在形で語る。

- 業務の説明は、客観的かつ正確に行う。
- 「動作」を表す言葉、つまり、具体的な機能を説明する言葉を使う。
- 守るべき手続きの説明よりも、現職者が実施していることを強調する（たとえば、「アポイントの記録を残さなくてはならない」ではなく、このポジションの人は「アポイントの記録をつけている」ことを明らかにする）。
- すべての条件が仕事と関連しており、関連法規にも則っていることを確認する。

　最後に、その仕事が組織のニーズに合っていることを確認するために、少なくとも年1回は、部下の職務説明書を見直すためのスケジュールを組みましょう。

4 | 面接の基本

　面接を始める前に、求職者の履歴書や応募書類を読み直して、その人が職務説明書に記載された要件を満たしているかどうかを確認します。この作業をしておくと、同時期の仕事の重複や、履歴の空白期間といった、抜けや漏れ、変則的な箇所を発見し、面接時に確認することができます。学歴と経験との明らかな矛盾、頻繁な転職、わかりにくい役職名などに注意しましょう。

　面接場所は、プライバシーが守られ、邪魔の入らない環境を用意します。職歴や資格について情報提供した求職者が安心して臨めるように、配慮しなければなりません。求職者が到着する前に、応募書類、履歴書、職務説明書、組織図や福利厚生情報などの関連書類をはじめ、必要なものを全部揃えておきます。

　面接場所での座る位置の距離感や障害物にも気を配ります。求職者には巨大な机の向こう側ではなく、自分から1.5メートルくらいの所に座ってもらうのが、理想的です。手元のパソコン画面で相手の顔が遮られないようにします。

図表3-1 面接前の準備

- ▶ 応募書類や履歴書に書かれた情報が、明快で十分に詳しいことを確認する。
- ▶ 職務説明書を見てスキルと経験を確認し、求職者が要件を満たしているかどうかをチェックするための質問を用意する。
- ▶ 幅広い質問を用意しておけば、求職者の答えから、さらに聞きたくなることが出てくる。
- ▶ 質問例
  - あなたの(現在や直近の)仕事で、普段行っていることを説明してください。
  - あなたの(現在や直近の)仕事で、最も好きなこと、逆に最も気の進まないことは何ですか。
  - あなたの(現在や直近の)仕事について、＿＿＿＿も含めた状況を説明してください。あなたはそれにどう対応しましたか。
  - あなたの(現在や直近の)仕事の中で、特に難しい、もしくは、やさしいと思う(思った)のはどのような業務ですか。
  - あなたは、好きではない業務にはどのように取り組みますか。あなたの(現在や直近の)仕事の中から、具体例を挙げてください。
  - この仕事のために、何か準備をしましたか。

　面接では関係づくりが欠かせないので、最初は緊張をほぐすような質問をします。「迷わずにいらっしゃいましたか」「お送りした地図はわかりやすかったでしょうか」などといった、アイスブレーク的な質問をするのもよいでしょう。

　就職経験のない人には、得意分野、学習習慣、締切りへの対処法について聞いてみます。また、今回の応募に当たって、どのような準備をしたかを尋ねます。求職者の学歴や職歴とは関係なく、この質問は必ずするようにしましょう。

　ポジションによっては、ある種のロールプレイをすると(たとえば、顧客がある質問をしてきたと想定して、「あなたならばどのように対応しますか」と聞いてみるといったような)、求職者の資質が明らかになることもあります。

どんな仕事にも共通する一般的なコンピテンシー

面接ではまず、求職者のコンピテンシーをチェックします。コンピテンシーは、その人がその職務を効果的に行う能力につながるスキル、特性、資質、性格として定義されます。コンピテンシーを確認すると、ある人が過去にどれくらい有能だったか、この組織でどのくらいの成果を出せそうかが評価できます。

コンピテンシーは職種や組織によっても異なりますが、次の4つに大きく分類できます。

❶測定可能な特定のスキル
❷知識
❸振る舞い
❹対人スキル

ほとんどの仕事で特定のコンピテンシーの必要性ばかりが強調されますが、どのような人もすべてのコンピテンシーをある程度は持っているはずです。

❶測定可能な特定のスキル
特定のスキルは、求職者が過去の仕事で行ってきたことを示す。一例として、技術職のスキルを挙げてみよう。

総合的な技術のノウハウがある。相手に合わせて技術情報を伝えられる。技術的な専門知識を使って、ビジネス上の問題を解決できる。最新技術に精通している。その組織の技術を理解している。技術を最適化する。複数のプロジェクト間でバランスがとれる。プロジェクトの現状を伝えられる。

❷知識
第2のコンピテンシーである知識とは、求職者が何を知っていて、ど

んな考え方をするかを示すものである。このカテゴリーには、プロジェクトマネジメントのスキル、問題解決力、意思決定のスキル、プロジェクトの重要な要素への集中力、時間管理、リソースの有効活用などが含まれる。

　これらは無形の特性であり、特定のスキルよりも測定や定量化が難しいが、重要であることは変わらない。

　どのような仕事でも、職位に関係なく、一定の知識が必要になる。その求職者が知っていることだけでなく、どのような考え方をするかを判断するために、その職位と仕事の性格にふさわしい知識について質問してみよう。

　特に測定可能な経験を必要としない仕事の場合は、こうした質問が有効で、それによって過去の職務経験から得られた能力を除外して検討できるようになる。

❸ 振る舞い

　求職者が一定の状況下でどのように行動するかが、第3のコンピテンシーである振る舞いである。

　たとえば、高水準の顧客満足度が要求されるポジションであれば、次のような質問によって知ることができる。

- 過去に顧客志向の業務で、顧客と持続的な協力関係を築こうと努力したか。
- 確実に顧客を満足させるために、必要な情報の提供を続けたか。

　職務特有の振る舞いに関する質問は多数にのぼる。その回答から、求職者が企業環境の中で実力を発揮できるかどうかが明らかになる。

❹ 対人スキル

　第4のコンピテンシーは対人スキル、つまり、求職者がどのように他の人々と交流するかである。たとえば、求職者は人の話を積極的に聞く

図表3-2　コンピテンシーを判断するための質問

> ▶過去の業績と、今後予想される仕事上の振る舞いとの関連性を重視する。特定の業務関連のスキル、能力、特性に関連する情報に基づいて質問していく。その答えから、将来の業績の可能性を類推できる。
> ▶具体的な事例を聞き出すように質問を設計する。そうした事例から、求職者があなたの組織で行いそうなことが予想できる。
> ▶具体的な事例を求めていることが求職者に伝わるような言い方で聞く。例を挙げてみよう。
> ・あなたが○○するときについて、説明してください。
> ・あなたが○○するときの例を、挙げてください。
> ・あなたの○○に関する具体的な業務経験について、教えてください。
> ▶法的に問題のない質問にする。
> ▶このような質問は面接全体の70％程度にして、後は他のタイプの質問で補完する。

のか。怒ったときでも自制できるか。自発性があり、幅広い人々と一緒にうまく働けるか。他の人々の見方や考えを尊重するか。フィードバックを受け入れるか。対立が起こったときにうまく対処できるか、といったことである。

　どのような仕事でも、ある程度は他の人々と交流する必要がある。その人に何ができるのか、どんな知識があるか、どう振る舞うかといったコンピテンシーはさておき、マネジャー、同僚、従業員、顧客とうまく付き合えないようであれば、担当業務をこなすことも、他の人々と協働することもうまくできないはずだ。

職務特有のコンピテンシー

　次に、職務特有のコンピテンシーを判断します。まず、要求される職務特有のコンピテンシーをすべて挙げてみます。次に、それらのコンピテンシーを、先の4分類に当てはめてみます。きっとほかよりも重視されるカテゴリーがあるはずです。

　コンピテンシーは対になることが多く、一般的には、特定のスキルと

知識、振る舞いと対人スキルというペアになります。

　コンピテンシーに着目して面接を行えば、事実に基づいて採用の判断ができます。特定の職場環境で成果を出すために必要なスキルと性格を特定し、求職者がこれまでの経験から何を学習し、学んだことを目の前の仕事にどう活かしていくかを判断できれば、面接はより有益なものとなります。候補者のコンピテンシーを調べることで、それらをどのように習得したのかもわかります。

　面接の終え方も考えておく必要があります。時間にすると面接の5％程度にすぎませんが、この段階になると、意思決定にとって極めて重要な質問が出てきます。いくつかの例を挙げてみましょう。

「あなたを選ぶかどうかを決めるのに役立つ、難しい顧客と一緒に働いたご経験があれば教えてください」
「シックスシグマのご経験があるそうですが、この分野についてあなたの持っている専門知識がわかるような過去の取り組みがあれば、聞かせてください」
「ほかにも、あなたがこのポジションの候補者であることを裏づける、知識や専門性を示す例があれば、教えてください」

質問スタイルを活用してコンピテンシーを探る

　4つの質問スタイル（オープン、クローズド、探索型、仮定型）については、第1章ですでに取り上げましたが、これらは面接プロセスでも用いられます。求職者の一般的および職務特有のコンピテンシーを探るツールとして有効です。
　採用面接という場面におけるそれぞれのメリット、注意点、例を挙げていきます。

❶オープンクエスチョン

メリット：会話がしやすくなり、求職者のことだけでなく、その人のコミュニケーションスキルを把握する機会にもなる。コンピテンシーに関する質問には具体的に回答しなければならないが、オープンクエスチョンの場合はその必要がないため、プレッシャーが軽減される。内気な求職者と面接するときにも有効である。

注意点：判断材料や実証可能な情報が得られず、個人の説明だけに終わってしまうこともよくある。また、「あなた自身について話してください」というように、質問の範囲が広くなりすぎることもある。「過去3年間の職歴を説明してください」というように制限を設ければ、有意義な回答を得やすい。

例

- あなたが考える理想的なマネジャーについて説明してください。職場環境や仕事のスケジュールはどうでしょうか。
- あなたは自分自身のことをどのような従業員だと思いますか。同僚やマネジャーとしては、どうでしょうか。
- あなたが一緒に働きにくい、あるいは、働きやすいと思うのは、どのような人々ですか。それはなぜでしょうか。
- 雇用主はどのような部分で従業員に対する義務があると感じますか。従業員の雇用主に対する義務についてはいかがでしょうか。
- 前職で難しいと思った業務には、どのようなものがありますか。なぜ難しかったのでしょうか。簡単だと思ったのはどのような業務ですか。なぜ簡単だったのでしょうか。
- 現在までのキャリアの中で、自分の成長についてどう感じていますか。5年後を想定したとき、あなたはキャリアのどの地点にいると思いますか。
- 前職はこれまでの経験とどんな違いがありましたか。どちらが好ましいと思いましたか。それはなぜですか。
- 現在の仕事のどのようなところが、より責任の重い仕事を引き受けるのに役立つと思いますか。

- この仕事では、前職とは違って、どのようなことができると思いますか。
- あなた自身の、直近または長期的なゴールはどのようなものですか。

❷クローズドクエスチョン

<u>メリット</u>：クローズドタイプの質問は回答範囲が限られるため、話の流れをコントロールしやすい。また、緊張している求職者の気持ちを和らげ、明確で簡潔な答えが引き出せる利点がある。重要な職務要件の不足など、面接を打ち切るためのチェックポイントがある場合は、直接的なクローズドクエスチョンを用いることで、知るべきことが迅速かつ簡潔につかめる。

<u>注意点</u>：クローズドクエスチョンが多すぎると情報が限定されてしまい、その結果、求職者の能力や経験をきちんと把握できない。口頭でのコミュニケーションスキルが評価できなくなることもある。

<u>例</u>
- 現職ではどのくらい出張がありますか。
- この仕事の初任給は〇〇ドルだとご存知ですか。
- これまでのお話から、あなたはチームの一員としてよりも、個人で働くのを好むと思ってもよろしいでしょうか。
- 直近の3カ月で、何回くらい上司の代理を務めましたか。
- あなたは先ほど、最もチャレンジングな仕事は、新卒者のオリエンテーションを行うことだとおっしゃいました。少し前に、面接するのが好きだとも述べていらっしゃいましたが、それはどういうことですか。

❸探索型クエスチョン

<u>メリット</u>：このタイプの質問によって、面接官は追加情報をさらに深く調べることができる。思ったことを十分に伝えるのが苦手な求職者にとっては、回答を引き出してもらう助けとなる。また、面接官が求職者の発言に興味を持ち、もっと知りたいと思っているというサイン

にもなる。
<u>注意点</u>：探索型クエスチョンが多くなりすぎると、求職者が防衛的になりかねない。
<u>例</u>
- 一緒に働きにくい、あるいは働きやすいと思うのはどのような人々ですか。それはなぜですか。
- マネジャーが不在の場合、あなたは代理を務めますか。それはどのくらいの頻度でしょうか。
- どういうときにやる気を感じますか。その理由は？
- あなたのキャリア上のゴールに関して、影響を及ぼした人や事柄がありますか。それはどのように影響しましたか。
- あなたは先ほど、あなたのチームはプロジェクトを最終期限に間に合わせることができなかったと述べていました。なぜそうなったのだと思いますか。
- 前職でどのような問題に直面しましたか。それをどのように解決しましたか。
- 最近参加したチームプロジェクトでのあなたの仕事ぶりについて、同僚は何と言っていますか。

❹仮定型クエスチョン

<u>メリット</u>：推論力、思考プロセス、価値観、態度、創造力、仕事のスタイル、異なる課題への取り組み方を評価することができる。仮定型クエスチョンは、職務経験が限られていたり、まったくない求職者に適している。同様に、具体的な必要条件が乏しかったり、まったくない仕事の面接にも役立つ。

<u>注意点</u>：仮定型クエスチョンへの答えから、その求職者の推論力や思考プロセスについて、重要な情報を読み取ることができる。ただし面接官は、正解を求めないように注意しなくてはならない。求職者はその組織のことをよく知らないので、それまでの経験のみに基づいて回答する。こうした回答は、知っていることよりも、どう考えているか

に基づいている点を理解する。

例

- 頑固な態度をとる従業員にどう対応しますか。よく遅刻してくる人にはどうしますか。
- 長年にわたって素晴らしい業績を上げてきた部下が、頻繁にミスをするようになった場合、あなたはどのように対応しますか。
- 部下があなたの権限に疑問を呈した場合、どのようなことを話しますか。
- プレゼンテーションの際に、回答できない質問が相次いだとします。その場合、どうしますか。
- プロジェクトチームのメンバーとして、別のメンバーがとりたいと思っている方法に賛成できなかったとします。その人の考えを変えるために、あなたはどんな働きかけをしますか。
- 過度にプレッシャーがかかる業務を与えられた場合、あなたならどうしますか。
- 同僚との対立を、どのようにして避けますか。マネジャーや顧客と対立した場合は、どうでしょうか。

　スクリーニング（求職者を絞り込むため）の面接や全体像を把握するための面接でも、コンピテンシーを判断するための質問と、4つのタイプの質問を使うと効果的です。スクリーニングの面接は主に、人事部の担当領域ですが、組織の規模によっては、部下を募集しているマネジャーが行うこともあり、主に次の目的のために実施します。

- 面接官と求職者の双方が関心を持ち続けるかどうかを確かめる。
- 仕事の適性を予備判定する。
- 現在の求職者のうち、その仕事の最低限の必要条件を満たさない人や、もはや関心がなくなった人を落とす。

　スクリーニングの面接で、4つのうちのどのタイプの質問を使うか

（あるいは使わないか）について、ガイドラインを紹介します。

- 求職者の現在の仕事（オープンクエスチョン）と現在の給与（クローズドクエスチョン）を調べる。
- 単発の業務や仕事の必要条件に基づいて、コンピテンシーをチェックするための質問を6〜8つ用いて、求職者の専門知識のレベルや質を判断する。
- 求職者が話した内容を確認するために、オープンクエスチョンやクローズドクエスチョンを1つまたは2つ用いて、収束に向かう。
- 「この仕事に応募されたことに関係して、ご自身についてほかにも言っておきたいことがありますか」と聞いて締めくくる。
- 探索型クエスチョンは控える。コンピテンシーをチェックする質問に対する回答が不十分な場合を除き、スクリーニングの面接では探索型クエスチョンはほとんど使わない。
- 求職者に職務経験がない場合を除いて、仮定型クエスチョンは使わないようにする。

全体像を把握するための面接の主な目的は、次の2つです。

- 目に見える資質と見えない資質の両面から、仕事の適性を確認する。
- その組織との相性が、おおむね良いと思われる人を選ぶ。

人事部門がこうした面接を行う場合、おそらく職務特有の内容よりも、その組織に関連した質問を幅広く行います。これに対して、部下を採用しようとするマネジャーが候補者にする質問は、より職務に則した内容になるはずです。

Examples

スーパーバイザー職の採用のための面接という設定で、質問の進め方の参考例を挙げてみます。

○事業所の請求書関連の業務を、あなたならどのように取りまとめますか（オープン）。
○領収書にミスがあったら、どのように対処しますか（オープン）。
○これまで対処したことのある領収書のミスのうち、最悪だったケースについて教えてください（コンピテンシー）。
○過払案件を扱ったことがありますか（クローズド）。
○あなたの記録のとり方について説明してください（オープン）。
○顧客からどうやって延滞金を徴収しますか（オープン）。
○あなたが非常に長期間、延滞顧客を見落としていたことが判明した場合、最終的にどうしますか（コンピテンシー）。
○あなたはどのように賃金支払帳をつけていますか（オープン）。
○あなたの財務記録のとり方について説明してください（オープン）。
○誰かが別のやり方に変えるよう提案してきたら、あなたは何と言いますか（仮定型）。
○上司の不在中に、バイスプレジデントの１人が重要な書類を受け取っていないと怒っていたら、あなたはどうしますか（仮定型）。これまでにそういう経験をしたことがありますか（クローズド）。それについて教えてください（コンピテンシー）。
○誰かに事務所の部門に関する方針や手続きを修正してもらう必要があるのですが、あなたはそういう経験をしたことがありますか（クローズド）。あなたが担当するとしたら、どのようにその仕事に取り組みますか（仮定型）。誰に相談しますか（仮定型）。
○財務報告書を用意する場合、最も重要だと思うことは何でしょうか（オープン）。

　複数の面接官が全体像を把握するための面接を行う場合もあります。一対一の面接と同じようなタイプの質問を使っても構いませんが、質問者は複数となります。入念に計画を立てておけば、このやり方はいくつかの点で非常に効果的です。
　まず、複数の人間が求職者と接するので、客観性が高まる傾向があり

ます。1人の面接官が話している間に、他の面接官が求職者のボディーランゲージを細かく観察したり、具体的な質問に対する回答を評価するための時間が余分にとれたりします。

異なる性格の面接官が3人いれば、求職者が異なるタイプの人々にどのように対応し、受け答えするかがわかるでしょう。さらに、誰もが同じ情報に基づいて基本的な判断を行うので、より正確で一貫性のある評価がしやすくなります。

最後に、面接のポイントと、円滑に進めるための方法をまとめておきましょう。

- 質問と情報提供のバランスをとるために、面接用フォーマットを用意する。
- ボディーランゲージの意味の理解も含めて、傾聴＊（アクティブ・リスニング）を実践する。

面接用フォーマットの外せないポイント

面接用フォーマットには、次の5つの重要ポイントを盛り込んでおきましょう。

❶ 導入では、どのように面接を行うかを説明する。就職面接であることは了解済みなので、求職者に面接の流れを説明する必要はないと思うかもしれない。しかし、この情報の伝わり方で面接の基調が決まり、求職者は心がまえができる。
❷ 求職者の学歴や職歴を尋ねる。関連性はあるが無形の分野のことも含めて、仕事の必要条件に関する質問をしなくてはならない。
❸ 募集している職務、給与、福利厚生、組織に関する情報を提供する。
❹ 仕事と組織に関する質問を受ける。
❺ 今後の手順について求職者に知らせてから、明るい雰囲気で面接を終

える。

　5つのポイントの順番は、最初に求職者に面接の流れを説明し、最後に面接後の手順をはっきり伝える以外は、おおむね自由です。自分の個性やスタイルに即していれば、どのような順番でも構いません。自分にとって違和感がなければ、どのフォーマットを選ぼうと、求職者はきちんと答えてくれるはずです。

　面接の終わりが近くなったら、次のことを自問してみましょう。

- 仕事の適性を判断するために、その求職者に学歴や職歴について十分に聞いたか。
- 応募しているポジションについて十分に説明したか。この組織について十分な情報を提供したか。
- 会社の方針が許す範囲で、給与、福利厚生、成長機会、その他の関連事項を討議したか。
- 求職者が質問する機会を設けたか。

　強く関心を持った求職者には、最後に今後の面接について触れます。中立の判断やあまり関心を持たなかった候補者には、「ありがとうございました」と謝意を伝え、社内の誰かが連絡することを知らせます。まったく関心のない場合は必ずすぐに連絡して、その人が求職活動を続けられるようにします。

傾聴スキルを磨く

　自分が話す時間が長いほど面接で主導権を握れると勘違いして、しゃべりすぎてしまう面接官が多いものです。面接官が話す時間は全体の25％以下にして、求職者の資格に関する質問、明確にすべきポイント、仕事や組織に関する情報提供、そして仕事や組織に関係した質問への回

答に当てます。それ以外は能動的に聴かなくてはなりません。

　傾聴のポイントは、次の通りです。

- 話題と考え方を結びつけて聴く。一言一句にこだわらなければ、仕事に関連する重要な情報に集中できる。
- 定期的にまとめを入れる。求職者は必ずしも質問に対して一度に完全に答えてくれるとは限らないので、パーツを組み合わせなければならない。全体像を正確に把握できているかどうかを確認するために、次の例のように定期的に話を止めて求職者の話を整理する。

Examples
「あなたがこの分野で達成してきたことを、私がきちんと理解しているか、確認させてください。あなたは、その部門の直接の責任者ではなかったけれど、上司が不在中の四半期間、あなたがその部門を運営したのですよね。このような理解で正しいでしょうか」
　すると、求職者はこう言うかもしれない。
「厳密にいえば、私がその部門を運営したのではありません。しかし、何か問題が起こったときの対応を上司に相談するかどうかは、私に一任されていました」
　このようにすれば、求職者の責任の範囲や程度が明確になる。

- 邪魔ものを排除する。他の人が部屋に入ってきたり、電話が鳴ったり、自分が他のことを考えたりすることも含まれる。傾聴しない場合、最終的に雇用するかどうかの判断に関わる、重要な情報を見落としやすくなる。
- 偏見や感情的な影響を断つ。個人的な意見や不機嫌な態度で傾聴を妨げてはならない。世代間の偏見（「時代遅れ」や「奇抜」と思われる服装やアクセサリーを嫌うなど）を克服するのは難しいかもしれないが、可能な限り回答内容や振る舞いに集中する。逆の効果、つまり非常に魅力的な人や、親友を思い出させる人に好感を持つという偏見もある

が、それは否定的な偏見と同じくらい危険な行為である。
- ボディーランゲージを用いる。時折うなずいたり微笑んだりすると、相手の話す内容に自分が関心を持っていることが強調される。自分と求職者との間にパソコンや電話などの障害物を置かないようにして、手には何も持たず、ジェスチャーを使って、話してもらいたいと願っていることを示す。

5 選定から採用までのガイドライン

どのような部門であっても、人事部門と一緒に、あるいは人事部門に代わって、採用プロセスの一部を担当する可能性はあります。選定から採用までの5つのステップを、一通り知っておきましょう。

ステップ1：準備
- 自分の目標を再確認する。
- そのポジションで果たすべき任務と責任、その他の必要な具体的なスキルや知識について職務説明書を再確認する。
- その仕事で求められる無形の条件を検討する。
- 自社のアファーマティブ・アクション（積極的差別是正措置）目標を検討する。

ステップ2：面接
- さまざまな質問について複数の求職者の回答を精査し、比較する。
- 求職者の非言語的なコミュニケーションについても検討する。
- そのポジションの給与と、各候補者が求めている給与を検討する。
- 求職者が前職を辞める理由を確認する。
- 求職者のポテンシャル（潜在能力）を評価する。

ステップ3：身元の保証や調査

- 身元を確認する意味合いをよく考える。つまり、身元確認をしなかったせいで経歴の不備を見落としたり、そうした人材を雇い続けるというコストと、名誉毀損で訴えられるリスクを比較検討する。
- インターネット、電話での身元確認、教育機関から得られる情報を検討する。
- 身元調査の結果として入手した関連情報を、選定に反映させる。

ステップ4：テスト

- テストの内容が、ある仕事を遂行するのに欠かせない能力の有無を測るものになっているかどうか確認する。
- 最終決定にテストの結果をどれくらい考慮するかを決める。

ステップ5：選定

- 面接結果として得た情報を、身元調査やテスト結果と照らし合わせて判断する。
- 部門内や組織内で、その仕事に誰が最適かを検討する。

第 **4** 章
Managing Projects

プロジェクトマネジメント
―― 一時的な取り組みを管理する方法

プロジェクトマネジメントの本質は、人のマネジメントです。予算や期限といったプロジェクトにつきものの難問は、たいていの場合、人によってもたらされますが、それを解決するのもまた、人の力です。人的資源管理のスキルを使わない限り、その他のマネジメントのスキルをどれほど駆使ししても、あなたがプロジェクトにもたらすことのできる価値は限られます。

1 | プロジェクトの3つの制約条件

プロジェクトと業務の仕分けは、組織によって異なります。見本市用の販促物の作成は、見本市に毎月参加する大手企業のマーケティング部門にとっては通常業務でしょうが、年1回参加する小さな企業にとってはプロジェクトかもしれません。

プロジェクトの標準的な定義は、「独自の製品、サービス、所産（つくり出されるもの）を創造するために実施される有期性の業務」となります。これは、プロジェクトマネジメント協会（PMI）発行の『A Guide to the Project Management Body of Knowledge』＊の第4版（通称PMBOK ガイド）の定義によるものです。

PMBOKガイドはプロジェクトマネジメントのスタンダードで、大型プロジェクトのマネジメントには不可欠の知識体系です。PMIが認定するPMP＊（プロジェクトマネジメント・プロフェッショナル）の資格取得者は、プロジェクトマネジメントのエキスパートとして評価されます。

一般的にプロジェクトは、お金や期限の制約がない業務とは違って、期限、予算、規模が定められています。したがって**プロジェクトでは、時間、コスト、スコープ＊（範囲）の3つが制約条件**となります。**プロジェクトの三角形と呼ばれるこの3つの要素が、プロジェクトにおける柔軟な対応を難しくさせます。**

図表4-1｜プロジェクトの三角形

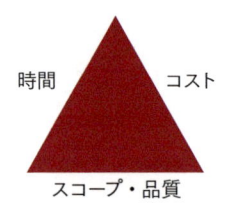

時間　コスト
スコープ・品質

ただし、時間、コスト、スコープだけを考えていればよいわけではありません。プロジェクトマネジャーは次のことも考慮しましょう。

- リスク
- リソース
- 品質

プロジェクトマネジャーは、これら要因のどれか1つが変化したら、他の要因にどのような影響を及ぼすかを考察します。**時間、コスト、スコープ、リスク、リソース、品質という6つの要素のバランスをとることが、プロジェクトを管理する最もシンプルな方法**となります。

たとえば、顧客が短納期を求めてきたら、さらにリソースを追加する必要が生じて、コストが上昇するかもしれません。予算制約によってコストの引き上げが難しい場合は、プロジェクトのスコープを狭めたり、品質を見直す必要があるかもしれません。

プロジェクトチームのメンバーは、プロジェクトマネジャーがこうした判断をするのを助け、プロジェクトが成功させるために、集中し続ける必要があります。

時間、コスト、スコープは、必ずしも制約条件ではないとする捉え方もあります。その典型的な例が、1994年1月17日にカリフォルニア州で起こったノースリッジ地震後のサンタモニカ・フリーウェイの再建計画です。

Case

サンタモニカ・フリーウェイは東西を結んでロサンゼルスのダウンタウンまで続く主要道路で、アメリカで最も交通量の多いことでも知られている。それが、地震によって壊滅的な損害を被ったのである。周辺の企業には移転を検討する動きが見られ、税収は落ち込み、地域の衰退をもたらす可能性が高まっていた。

迫りくる危機に瀕して、市当局は常識では考えられないほど短期間

でフリーウェイを再開する目標を設定した。市職員は入札を行い、建設契約を管理した。彼らは建設の専門家ではなかったが、フリーウェイ再建のための資金はあったし、とにかく急を要していた。

　スピードのためなら資金を惜しまなかったので（遅延にはペナルティを科したほどだ）、資金は制約条件ではなくインセンティブとなった。工事を請け負ったC.C.マイヤーズは同社のウェブサイトで、そのときの挑戦と、自分たちがどのようにうまくやり遂げたかについて、次のように述べている。

――契約条件は、最大でも140日間（カレンダー通り）で完成させること。遅延には1日20万5,000ドルの延滞料が、早期終了には1日20万ドルの報奨金が設定されていました。

　契約開始日は2月5日の土曜日。当社は同日から着手し、週末中に資材や器材を現場に運び込みました。最終的な建築計画が決定されたのは2月26日で、すぐに週7日24時間態勢で、最大400人を動員して工事に当たりました。それと同時に、優れた安全記録も持続させました。

　契約締結から66日間、予定よりも74日も前倒しで、サンタモニカ・フリーウェイは再開され、1日35万台以上の車両がロサンゼルス中心部とサンタモニカ地域を再び移動できるようになりました。こうした努力により、フリーウェイの閉鎖で生じる1日100万ドル以上の推定コストが節約されたのです。――

　コーチ役のプロジェクトマネジャーと、チームとしてそのプロジェクトに取り組むために起用されたメンバーがいるとしましょう。プロジェクトの実行に当たっては、チーム全員でその仕事をやり遂げるという共通のゴールに向かって取り組んでいきます。プロジェクトや作業について、各メンバーの役割や責任を決めておく必要があります。

　プロジェクトチームはプロジェクトマネジャーの采配により、プロジェクトの実行に必要なことを明確にし、メンバーに特定の業務を割り当てていきます。

プロジェクトの実行には次のような人や組織が関係します。

- スポンサー
- プロジェクトマネジャー
- プロジェクトマネジメント・チームのメンバー（スケジュール管理などの担当者）
- チームメンバー（通常は対象テーマの専門家か、作業成果を出すために取り組む担当者）
- チームリーダー（複数の担当者がいる場合、通常は在職期間が最も長い人）

2 プロジェクトのライフサイクル

　フェーズとプロセスの両面からプロジェクトを見ていきます。フェーズとはプロジェクトライフサイクルの要素、プロセスはそのプロジェクトをやり遂げるために各フェーズで行う作業のことです。大まかに言うと、プロジェクトのフェーズは**図表4-2**のようになります。

　一般的に、各フェーズの終わりに評価会議を開き、進捗状況、完了した作業、成果物を点検するとともに、そのプロジェクトを続行するか、変更するか、中止するかを決めます。

　次に挙げるプロセスの名称は、フェーズで用いるものと似ていますが、プロセスでは反復可能である点が異なっています。

図表4-2　プロジェクトのライフサイクル

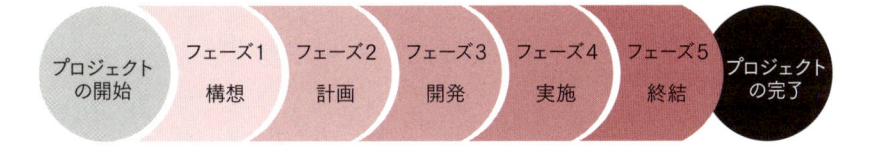

プロジェクトの開始 → フェーズ1 構想 → フェーズ2 計画 → フェーズ3 開発 → フェーズ4 実施 → フェーズ5 終結 → プロジェクトの完了

❶立ち上げ
プロジェクトを承認して開始するプロセスで、必要な書類作成も含まれる。
❷計画
やるべきことと、その手順を定義する（業務計画の策定）。
❸実行
所定の作業を行い、成果を出す（計画に取り組む）。
❹監視・コントロール
プロジェクトの追跡、進捗管理、計画との差異を確認し、必要に応じて是正を行う。
❺終結
チェックリストの準備や必要書類の取りまとめなど、そのプロジェクトを公式に終わらせるためのプロセス。

プロジェクトの流れを順に見ていきましょう。

- プロジェクトを立ち上げ、プロジェクトの目的や内容などを定義したプロジェクト憲章が承認されれば、開始する。
- プロジェクトマネジャーとチームは、作業計画を策定する。
- プロジェクトの成果物と必要となる作業を記述したスコープ記述書を作成する。
- WBS＊（Work Breakdown Structure＝作業分解図）とアクティビティリストを作成する。
- 時間、リソース、コストの見積もりを立てる。
- スケジュールを組む。
- 計画通りに作業を行う。
- 報告書を作成する。
- 会議を行う。
- 変化や変更点を管理する。
- プロジェクトの成果を、適当なステークホルダーに引き継ぐ。

- プロジェクトを終える。

プロジェクトとオペレーションはどう違うのか

　オペレーションはビジネス上の要請や注文によって始まるのに対し、プロジェクトはアイデアや新しい要求事項＊から始まります。オペレーションは、時間をかけて組織やその基盤を維持していくための日常的な作業です。こうした日常業務は目の前の目標をやり遂げたら終わるものではなく、新しい指示に従って組織を支えていきます。

　プロジェクトは多くの場合、変化を起こすという点で、オペレーションとは異なります。プロジェクトの仕事は、開始してから一定期間で終了し、新しいものをつくり出します。

　エンジニアリング、ファイナンス、マーケティング、セールス、ヘルプデスク、カスタマーサービス、ITサポートなど、どのような部門でもプロジェクトが行われる可能性があります。その内容は、製品の発売、広告キャンペーン、展示会への出品、パッケージの変更、オフィス移転、組織のリストラクチャリングなど、多岐にわたります。

　業界標準が新しく導入されたり、当局の規制に従ったりする必要性が生じたのを機に、プロジェクトを発足させることもあります。

　プロジェクトを始めていったん顧客に成果物が届けられれば、それが変化の原因や結果になるので、プロジェクトを上手にマネジメントする鍵は次の2点に整理されます。

- どんなプロジェクトでも、それ自体よりも大きなものに合わせていかなくてはならない。
- どんなプロジェクトでも、組織のゴール、目標、戦略と結びついたものでなければならない。

　プロジェクトをスタートする際は、まず初めに、組織に対しても、自

分自身にも、そのプロジェクトの価値を理解させる必要があります。プロジェクト憲章の内容やプロジェクトを始める意義を説明したり、プロジェクトのステークホルダーとそれぞれの役割を決めることは、そうした行動の一環です。

3 プロジェクト憲章で全体像を捉える

　プロジェクトを前進させる第一歩は、それが組織上の優先課題に則したものであることを確認することです。プロジェクト憲章を作成して、以下の項目とそのプロジェクトが、どのように調和しているか確かめます。

- ビジネス上のゴールと目標
- 経営戦略とスケジュール
- 組織文化、コアバリュー（中心的な価値観）、信条
- 組織構造
- 業務方針、慣行、手続き、ビジネスシステム

　プロジェクト憲章はプロジェクトの全体像を把握するのに役立つだけでなく、プロジェクトを正式に承認し、プロジェクトマネジャーを認定し、そのマネジャーにプロジェクトを管理する権限を与えるものでもあります。
　プロジェクト憲章を起草するのは一般的に、組織内のプロジェクトのスポンサー、発起人、もしくは一部の上級管理職ですが、プロジェクトマネジャーが携わることもあります。
　憲章の起草に関与するかどうかにかかわらず、自分が作成する書類の情報源として使う必要が生じるかもしれないので、その内容についてよく理解しておきましょう。
　プロジェクト憲章には、以下に挙げるような項目を、一般的に記載し

ます。

- プロジェクトの意図と理由
- プロジェクトの目標と成功の基準
- ハイレベルな要求事項
- ハイレベルなプロジェクトの内容
- 成果物の特性
- 概算予算
- 大まかなスケジュールとマイルストーン
- 要求事項として承認された項目
- プロジェクトマネジャーと、その責任や権限レベル
- プロジェクト憲章の承認者の氏名と役職

　プロジェクト憲章のテンプレートとその記入例を、図書館員向けに教育的なカンファレンスを企画している組織を例に紹介しましょう（**図表4-3**）。

　この例のようにプロジェクトを端的に語ることは、短期的な狭いテーマの場合も含めて、すべてのプロジェクトに役立ちます。複雑でお金のかかるプロジェクトや長期的プロジェクトの場合は特に、詳細分析が非常に有益です。
　詳細分析をすると、プロジェクトの優先順位、ステークホルダー、制約条件、前提条件、成果物、要求事項、プロジェクトのスコープ外の作業、予算の見積もり、スケジュール予測、マイルストーン、成功を左右する外部要因、プロジェクトに伴う潜在的なリスクなどを確認することができます。
　図表4-4は拡張版テンプレートで、詳細分析に求められる各要素について考えを整理するのに役立ちます。引き続き、図書館カンファレンスのプロジェクトを例にとります。

図表4-3　プロジェクト憲章の記入例

プロジェクト名

デジタルメディアに関する国内の図書館カンファレンス

ビジネスケース（投資対効果の検討）

問題・機会：プロジェクト発足のきっかけとなった問題や機会を簡潔に説明する。

　図書館員の多くが、図書館や図書館システムにデジタルメディアを導入する際に指導を必要としている。

解決案：解決策の構想を簡潔に説明する。

　約100人の図書館員が実践経験のある専門家からガイダンスを受ける。

期待される成果物：部門や組織全体にとって期待されるプロジェクトの成果物を説明する。

　参加者は、デジタルメディアの統合に関するベストプラクティスと特定のリソースを習得し、すぐに顧客サービスを改善できるようになる。カンファレンス主催者は参加料と助成金で収益を得る。

費用の見積もり：プロジェクトに必要な資金だけでなく、期間延長に備えて、フルタイムでの1日・ひと月当たり人件費も書く。必要になるかもしれないリソースもすべて含める。

- 計画工数　フルタイムの事務員1人が2カ月間と、フルタイムのマネジャー1人が1カ月間（いずれも6カ月間に延長させる可能性あり）。
- 実行工数　フルタイム事務員3人が3日間、フルタイムのマネジャー2人が3日間。
- 推定コスト　$60,000（注：見積もり額は合計収入の$64,000でカバーできる予定）。

プロジェクトの説明　成果物も含めて、そのプロジェクトの内容を簡潔に説明する。

- デジタルメディアの導入経験がある図書館員が、ベストプラクティス、トレンド情報、その他の実践的ガイダンスを図書館員に提供する。
- 2日半のカンファレンスで基調講演とパネルディスカッションを行い、参加者が学んだ情報とリソースを組織に持ち帰り、利用者向けサービスを直ちに改善できるようにする。
- 参加者はグループに分かれてワークショップを行い、デジタルメディアをめぐる特定の問題の解決策を話し合う。
- カンファレンスが成功すれば、毎年開催して会員を支援するとともに、当組織の収入源にすることを目指す。

図表4-4　プロジェクトの優先順位を明らかにする

	柔軟性がない	柔軟性がある（2番目）	最も柔軟性がある（3番目）
スコープ			
スケジュール			
予算			

スコープの柔軟性：プロジェクトのスポンサーにとって許容可能なプロジェクトのスコープについて説明する。

　スポンサーが教育プログラムのディレクターの場合、関係のありそうなマーケティング活動であっても、プロジェクトのスコープ外となるかもしれない。マーケティング活動を含めることについて、どれだけ柔軟に対応できるかを決めておく。

スケジュールの柔軟性：スポンサーにとって許容可能なスケジュールの幅を説明する。

　軍事計画では、「……までに」という締切りの概念がそのままスケジュールに反映されている。その日から逆算してスケジュールを立てていく。締切りを守るためにプロジェクトをもっと早めに（たとえば、その前の月から）開始しなくてはならない、あるいは、追加人員が5人必要になるといったことが速やかに把握できれば、時間とリソースについてもっと柔軟に対応すべきかどうか判断する必要があると、スポンサーは知ることができる。

予算の柔軟性：スポンサーにとって許容可能な予算規模を説明する。

　予算には、お金だけでなく、従業員、設備、スペースなど組織が提供しているリソースも含まれる。たとえば、そのプロジェクトで週2時間の定例会議を開く必要があれば、会議用スペースを確保する必要がある。

ステークホルダー

名前	役割	機能分野	電話	電子メール

制約条件

▼

第4章●プロジェクトマネジメント

前提条件

成果物

要求事項

スコープ外の作業

費用の見積もり

フルタイムの従業員数：当初の見積もりデータを入れる。

　部下と他部門の同僚にプロジェクトに参加してもらうなど、社内の異なるレベルの人員が必要になるかもしれない。見積もりの際にはそうした点に注意する。

総費用：当初の出費の予測を入れる。

　ここでも費用とは、コンサルタントや設備など、他のプロジェクトの側面に必要な資金だけではない。コンピュータ生成画像に使うパソコン3台を1カ月間専有する必要があれば、そのリソースは会社にとっての出費として記載しなくてはならない。

スケジュールの見積もり

開始日：推定開始日を入れる。

終了日：推定終了日を入れる。

　プロジェクトのスポンサーが認めた期限の概念を用いて、適切な日付を入れる。

マイルストーン

▼

外部依存

リスク

ステークホルダーを整理する

　プロジェクトマネジメントにおいてよく誤解される重要な用語の1つが、ステークホルダーです（時には計画段階からプロジェクトを間違った方向に逸脱させ、混乱の元となることがあります）。

　ステークホルダーとは、プロジェクトに携わったり、プロジェクトやその成果から影響を受けたりするすべての人を指します。立場の異なるステークホルダーがそれぞれ達成したいと思っていることを調整するのが、プロジェクトの成功には重要になってきます。

　ニーズや利害が食い違っていると、進行の妨げになりかねません。すべてのステークホルダーのニーズを把握しておけば、彼らの行動や反応が予測しやすくなります。

　ステークホルダーは、プロジェクトの時間軸に沿って異なるレベルの責任や権限を持ち、利害や作業のレベルもさまざまです。主要なステークホルダーを挙げてみましょう。

▶顧客・エンドユーザー

　プロジェクトの成果を依頼・要求したり、それを使ったりする個人や組織。内部、外部、あるいはその両方が顧客となる可能性がある。
　　例：先の図書館カンファレンスでは、デジタルメディアのトレーニングを必要とする図書館職員。

▶スポンサー

　資金や物資などの提供者で、プロジェクトと上級幹部とをつなぐ役割を果たす「プロジェクトチャンピオン」の場合もある。

　　例：図書館カンファレンスのスポンサーはおそらく、図書館司書のサポートをする専門団体の責任者だろう。販促物や宿泊料を負担し、そのプロジェクトに人員を配置することができる人物。

▶プロジェクトマネジャー

　プロジェクトのゴールの達成に責任を持つ人が、プロジェクトマネジャーの役割を果たす。プロジェクトの計画立案、その実行、モニタリングとコントロール、進捗報告について責任を負う。

　　例：図書館カンファレンスの例では、スタッフかコンサルタントがプロジェクトマネジャーの役割を果たすだろう。カンファレンスのような本来の組織のミッションや通常の作業からやや外れるようなプロジェクトの場合、一般的にプロジェクトマネジャーは外部から迎える。

▶プロジェクトマネジメント・チーム

　プロジェクトマネジメント・チームのメンバーは、プロジェクトのリスクに関する詳細分析を行ったり、プロジェクトマネジャーが設定したスケジュールを管理するなどの作業に、直接携わる。

　　例：図書館カンファレンスでは理論上、同組織のオフィスマネジャーと事務のアシスタントが相当する。

▶プロジェクトチーム

　一般的に、プロジェクトマネジャー、プロジェクトマネジメント・チームなどのプロジェクトに起用されたスタッフ、外部のコンサルタントなどで構成される。チームは詳細な設計書類を作成し、具体的な課題に要する時間を算定するなどの業務に当たる。

　　例：図書館カンファレンスのプロジェクトチームには、スポンサーの

募集やイベントの販促活動に携わるコンサルタントが含まれる。

▶**機能部門マネジャー**

多くの場合、リソースやその分野の専門知識を提供する機能部門や管理部門のマネジャーのことで、プログラマー、デザイナー、プロトタイプをつくる機材開発者などがこのカテゴリーに入る。

例：図書館カンファレンスのプロジェクトチームにおける機能部門マネジャーは、組織の教育プログラムの責任者が務める。

▶**ポートフォリオマネジャー**

複数のプロジェクトの優先順位をつけ、進捗をモニターし、組織に付加価値をもたらしているかどうかを評価する役割を担う上位管理職がこれに相当する。

例：非営利団体がカンファレンスを始める場合、ポートフォリオマネジャーは取締役会もしくは運営委員会である可能性が高い。

▶**プログラムマネジャー**

一般的には、関連するプロジェクトをまとめて管理、調整するマネジャーのことで、プロジェクトごとの対応では生み出せない利益や、効率性の向上を目指す。たとえば、プログラムマネジャーは、プロジェクトの優先順位に基づいてリソースを配分することができる。

例：カンファレンスなどのプロジェクトに慣れているコンサルタントが起用されることが多い。彼らの経験や人脈によって、社内だけの取り組みでは実現できないコスト効率が生じるからである。たとえば、そのコンサルタントが特定のホテルで年6回カンファレンスを行っていればディスカウントが期待でき、顧客企業にとって（プロジェクトの収益目標においても）メリットがある。

▶**ベンダー**

完全に外部のステークホルダーであり、プロジェクトに必要な資材や

サービスを提供する。
　例：カンファレンスの場合、ケータリング業者や、セッションのデジタル記録をとるために契約した企業などがベンダーに該当する。

　ステークホルダーには、政府機関、事業者団体などの業界固有の組織、一般市民、公共利益団体までが含まれるケースがあります。誰がステークホルダーであるかを判断したら、次にすることは、彼らに対して、各プロジェクトへの関心の度合いを図ることです。言い換えるならば、誰がそのプロジェクトを支援してくれるのか、誰が反対の立場なのかを確認することです。

　もう1つ重要な検討事項は、彼らの関与の程度と、関与する時期についてです。どのステークホルダーの関与が高いのか、あるいは低いのか。確実に関与するのか、推測なのかを明らかにします。そして最後に、プロジェクトの成功に対する影響度を判断します。影響度は大きいのか小さいのか。どれくらいの力を持っているのかを検討します。

　ステークホルダーはプロジェクトに次のようなものをもたらします。

- そのプロジェクトを実行するのに必要なリソース、人、設備、備品。
- プロジェクトの結果を決めるのに役立つ情報。
- プロジェクトの作業を行うための専門知識。

　プロジェクトマネジャーはステークホルダーと連絡を取り合い、彼らの期待に応えるために多くの時間を費やすことになります。

4 | プロジェクトのスコープを明確にする

　達成すべき成果について曖昧な構想しか持たない顧客などのステークホルダーが発端となった場合、そのプロジェクトはかたちが定まっていないように見えます。

たとえば、「あなたに我々のコンピュータシステムをアップグレードしてほしい」だけでは、良いプロジェクトの説明とは言えません。ほとんどの顧客は自分が欲しいものを正確にわかっていませんが、多くの場合、欲しくないものはしっかりと理解しています。これは、非常に難しい点です。
　したがって、**最初にすべきなのはステークホルダーのニーズを要求事項に変換することで、そこでプロジェクトの成否が決定づけられます。これはプロジェクトのスコープを決める作業**であり、このステップを踏まない限り、プロジェクトは失敗してしまいます。
　スコープには3つの密接に関係した定義があります。こうした用語や用法を、関係者全員がきちんと理解することが極めて重要となります。

▶**スコープ**：プロジェクトで提供する製品、サービス、所産の総体
▶**成果物スコープ**：製品、サービス、所産に求められる機能や特性
▶**プロジェクトスコープ**：その成果物を作成するために必要な作業

　プロジェクトのスコープを決めるために費やす時間は、組織にとっての重要性、プロジェクトの規模、複雑さ、そしてリスクに比例させる必要があります。プロジェクトのスコープを定めるときには、時間とメリットのバランスをとることが大切です。
　これを実践すると、スコープ記述書が作成できます。スコープ記述書で目指すのは、要求事項を定量化してプロジェクトのゴールや目標ときちんと関連づけ、プロジェクトの定義を明確にすることです。要求事項について限定的で不明確な情報しかステークホルダーに提供されない場合は、後で問題になりかねません。
　仕事をうまく進めていくためには、ステークホルダーと直接連絡をとり、時には各分野の専門家をプロジェクトチームに加える必要もあるでしょう。
　たとえば、あるITプロジェクトで、顧客が「ユーザーフレンドリーなユーザーインターフェース」を求めていたとします。しかし、それだけ

では要求事項が曖昧なので、インターフェースの設計チームのメンバーが顧客、できればエンドユーザーと一緒にエンドユーザーの観点からインターフェースの見え方や必要な機能について明確にしていきます。

スコープ記述書では、プロジェクトの成果物とそれを実現させるためにやるべきことを詳しく説明します。これは、より詳細なプロジェクト計画の基礎となるので、最低でも次の領域に触れておかなくてはなりません。

- プロジェクトの成果物（新しい製品、サービス、所産）。
- 成果物（成果物スコープ）の説明。
- 許容可能な成果物の基準（そのプロジェクトの結果を顧客に受け入れてもらうために満たさなくてはならない基準）。
- プロジェクトに含まれないもの（プロジェクトのスコープ外）。
- プロジェクトの制約条件（チームの柔軟性を制限するもの）。
- プロジェクトの前提条件（計画時に仮置きし、後で確認や検証が必要なこと）。

プロジェクト憲章とスコープ記述書は共に、次の情報を説明します。

- プロジェクトで目指す結果。
- プロジェクトのビジネス上、および技術的な理由づけ。
- 戦略的なビジネス上の問題との調整。

要求事項の概念は、こうしたプロジェクトに関する重要な文書の根幹を成します。PMBOKガイドによると、要求事項は「契約書、基準、仕様、その他の正式に定められた文書に沿って、システム、成果物、所産、構成要素で満たすべき条件や能力」とされています。言い換えると、**要求事項とはプロジェクトが完了した状態と成功基準を正式に定義し、製品やサービスの機能面の特徴を定めるものです。**

第2章の業績管理のプロセスのところで、良い業績目標を設定するための枠組みとしてSMARTを紹介しました。これはプロジェクトマネジメントにも適用できますが、プロジェクトの要求事項に合わせて、少し語句を変えてみました。プロジェクトマネジメントのためのSMARTは次の通りです。

- S　**具体的**（Specific）
- M　**測定可能**（Measurable）
- A　**合意のある**（Agreed-to）
- R　**実現可能**（Realistic）
- T　**期限つき**（Time-bound）

5 | WBSを用いて作業を分解する

　プロジェクト憲章とスコープ記述書（そして、プロジェクトの要求事項についての明確な理解）がすべて揃ったら、計画の次の段階、すなわち、仕事の開始、各作業に必要な時間と資金の見積もり、スケジュール、参加者全員の役割と実行責任の決定、リスク分析へと移る準備が整ったことになります。

　続いてWBSを作成します。WBSは、プロジェクトの目標を達成するために必要な作業の概要を示すものです。つまり、プロジェクトの作業や成果物を含む、そのプロジェクトで実施する必要のある全作業を表しています。大規模で複雑なプロジェクトを少しずつ分解し、多数の作業を含んだワークパッケージ＊に整理していくのです。WBSを作成する際の留意点を挙げましょう。

- WBSの作成はそれほど複雑ではないが、かといって簡単ではない。
- 論理的で階層的だが、必ずしも連続性はない。
- WBSはハイレベルで（上位概念として）、その種類のプロジェクトで

通常用いられる方法、戦略、手順、テンプレート、ベストプラクティスを伝える。
- WBSでは、実施すべきワークパッケージの詳細な説明はほとんどしない。

最終的には、プロジェクトマネジャーが、WBSとそれに伴う作業のリスト（アクティビティリスト）を作成します。ただし、プロジェクトマネジャーがすべての作業を行うわけではなく、指示を出して、チームメンバーに各自の担当部分を作成してもらいます（時には各機能部門の他の人々に手伝ってもらうこともあります）。チーム内の対象テーマの専門家は多くの場合、やるべき作業を心得ています。

WBSはいわば作業の構造図ですから、人々の関係や階層を示す組織図と似ています。

自然エネルギーに関するシンポジウムを行うプロジェクトの例で説明

図表4-5｜シンポジウム開催のWBS

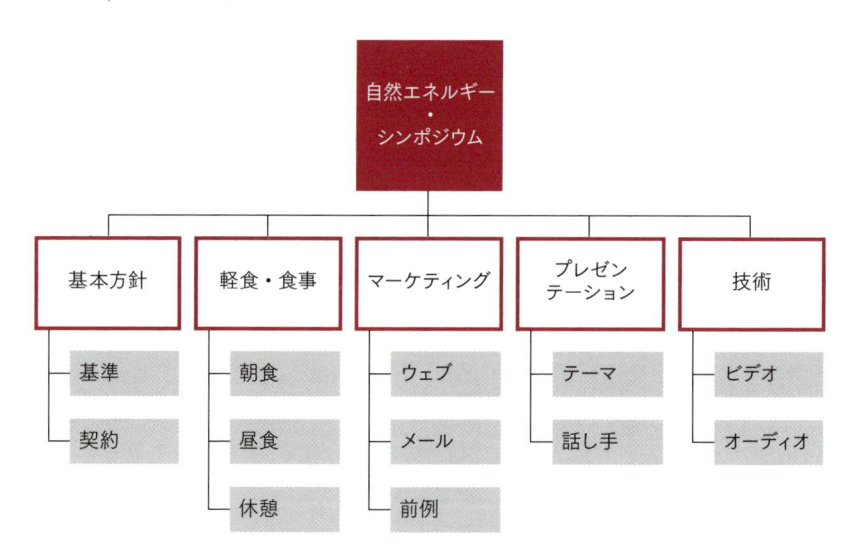

```
                        自然エネルギー
                        　　・
                        シンポジウム
    ┌──────────┬──────────┼──────────┬──────────┐
  基本方針    軽食・食事  マーケティング プレゼン     技術
                                    テーション
   ├基準      ├朝食       ├ウェブ      ├テーマ       ├ビデオ
   └契約      ├昼食       ├メール      └話し手       └オーディオ
              └休憩       └前例
```

すると、**図表4-5**のようになります。図表中のすべての欄を、個人、チーム、部門のいずれかが担当します。WBSのチャートには連続性がなく、時系列で並べたものではありません。ある作業における要素成果物（プロジェクトの各工程で生み出されるもの）がその後、別の作業で使われることもありますが、このチャートではそうした協働は表現されません。

プロジェクト全体のWBSは、プロジェクトの5つのフェーズ（構想、計画、開発、実行、終結）のそれぞれで、次の項目を挙げます。

- 要素成果物
- ワークパッケージ（プロジェクトにおける最小単位の作業のまとまり）
- アクティビティ（要素成果物を作成するのに必要な作業）

WBSのアクティビティリストには、プロジェクトの遂行に必要な作業が細かく記載されています。WBSとアクティビティリストの作成は、プロジェクト計画では別作業になっていますが、並行して進められることもよくあります。

図表4-6 WBSで示される要素成果物とワークパッケージとアクティビティの関係

```
フェーズ 1
    要素成果物 1.1
        ワークパッケージ 1.1.1
            アクティビティ 1.1.1.1
            アクティビティ 1.1.1.2
        ワークパッケージ 1.1.2
    要素成果物 1.2
        ワークパッケージ 1.2.1
        ワークパッケージ 1.2.2
            アクティビティ 1.2.2.1
            アクティビティ 1.2.2.2
```

PMBOKガイドによると、プロジェクト全体のWBSは、**図表4-6**のように、要素成果物とワークパッケージとアクティビティの関係を表します。
　各フェーズにおいて、このようなレイアウトが繰り返されます。

　自然エネルギーのシンポジウムの例で、要素成果物1.1が開催地の選定である場合、候補地を決めていきますが、そのためにはアセット管理担当マネジャーと一緒にその場所を訪問し、交渉するというアクティビティが必要になります。
「担当者」と一緒に取り組む人々の役割はさまざまです。開催地の基本的な基準を決める際には1人または複数のステークホルダーが関わり、ほかにも少なくとも1人（おそらく計画策定担当者）、または複数の人が参加します。
　たとえば、ステークホルダーの間でアメリカの中央部で100人を集めたカンファレンスの開催が決定された後、計画策定担当者がコロラド州デンバーの施設をあたり始める、といった具合です。
　次のアクティビティは、いくつかの候補施設を訪問してニーズに合わないところを除き、残ったもので入札を行います。それと並行して、教育プログラムのマネジャーなどが、カンファレンスの目的、開催地、日付などの情報に基づいて、講演候補者リストの作成に着手します。
　WBSの作成では、次のガイドラインを念頭に置きましょう。

- WBSをどのくらい詳細なものにするかは、プロジェクトの規模、複雑さ、リスクによって決めていく。
- 計画で設定したレベルが、そのプロジェクトの管理可能なレベルとなる。
- ある人にとってのプロジェクトが、別の人にとってはワークパッケージであることもある。
- 細かすぎると逆効果になる。

最後の点（細かすぎるのは逆効果）についてですが、プロジェクトの規模が大きかったり複雑だったりして、かなり詳細に立ち入る必要がある場合は、WBSの各要素を細かく記録したWBS辞書＊を作成することもあります。

　辞書には、WBS内のさまざまな要素の詳細情報を記載して、プロジェクトマネジャーやチームメンバー、その他のステークホルダーに役立つ情報源とします。また、WBSの要素の大まかなダイジェストのみを示す場合もあります。

　WBSが広範囲に及ぶとき、辞書に記載する情報の例は、次の通りです。

- 関連するアクティビティ
- 進捗確認のためのマイルストーン
- 担当する組織
- 開始と終了の予定日
- 必要なリソース（設備、備品、資材、人員、専門性）
- 費用の見積もり
- 品質情報（受入れ基準、業績測定）

正確な予測のためのチェックポイント

　計画フェーズで行ったこと——プロジェクト憲章、スコープ記述書、WBSを検証してみます。計画フェーズを終えるためには、各アクティビティに必要な時間と予算を見積もり、スケジュールを立て、全参加者の役割と担当を決め、リスク分析を行う必要があります。

　このときに大切なのは、できるだけ正確を期して、甘く見積もらないようにすることです。

　正確に予測するためのポイントは次の5つです。

❶各アクティビティに期待する内容を正確に理解する。手掛けている成果物について細部まで詳しく把握する。正確な期限を指定する。知るべ

き人に、知る必要のあることを、知るべきタイミングで連絡する。
　そのプロジェクトに関連するマネジメント上の要求事項、すなわちどの書類が必要かを明確に把握する。最後に品質管理の要求事項、すなわち成果の測定にはどの基準を用いるか、成果物が完成したとみなすためには、基準のどの部分を満たさなくてはならないかを決める。

❷作業量と所要時間の見積もりの違いを理解する。
- 作業量の見積もりとは、その業務を行うのに必要な実際の労働量を予測することである。複数の人がその労働に関与するかもしれないが、予測するときは人数ではなく、その業務に要する時間を把握しておく。
- 所要時間の見積もりとは、その業務が始まって終わるまでに、どれだけ時間がかかるかである。自分が基本的にそのプロジェクトのアクティビティにどれだけの時間を費やせるかを把握し、次の計算式から実際の所要時間を割り出す。

$$\text{作業量から算出した総所要時間} \div \text{実際に使える時間} = \text{実際の所要時間}$$

　プロジェクト以外の作業に30%の時間を割く必要があれば、稼働率は最高で70%となり、あなたの生産性は70%となる。中断なしに10日かかる作業であれば、実際には14〜15日、厳密には14.286日（10÷0.7）が必要になる。

❸アクティビティの管理上、コミュニケーション上、品質管理上の要求事項を理解する。プロジェクトチームメンバーはあなたの仕事の品質だけでなく、あなたから提供される情報も頼りにしている。

❹経験、複雑さ、リスク、可視性、人数などを調整する。以下の点については、常識として押さえておきたい。
- アクティビティが複雑になるほど、必要な仕事は増える。
- 人目を引くアクティビティほど、より多くのコミュニケーションや中

断に対処しなくてはならない。
- アクティビティのリスクが高くなるほど、遅延や追加作業が発生する可能性が増す。
- 作業担当者の経験レベルを重視すべきである。それは自分の経験レベルと同じではない。
- 同じことをやる回数が増えるほど、作業速度は上がる（学習曲線の効果）。
- 関係者が増えるほど、やるべきことが増える（1人のときには発生しないコミュニケーション、調整、対立の解決が必要になる）。

❺疑問がある場合は、より小さな要素に分解する。通常は作業単位が小さいほど、予測はより正確になる。

6 スケジュールを組む

　計画策定の次のテーマは、スケジュールを組むことです。以下のことが終わり次第、プロジェクトマネジャーとチームはスケジュールを組めるようになります。

- WBSを作成した。
- WBSで要素成果物を生み出すためのアクティビティが特定された。
- 各アクティビティに要する日数の予測を立てた。

　最初の検討項目の1つは、アクティビティ間の依存関係を判断することです。あるアクティビティは他のアクティビティが終わらないと着手できないということも、よくあります。次の3つの依存関係を考慮しましょう。

❶強制依存

家を建てる場合、外枠が組まれるまで壁はつくれず、土台を築くまで外枠は組めない。ハードロジックと呼ばれる。

❷任意依存
任意で決められる関係。選好ロジックやソフトロジックと呼ばれる。

❸外部依存
そのプロジェクトの外部の要素に依存している。ワークパッケージ1.1がその月の17日に終わったので、本来ならば、ワークパッケージ2.1は同日に着手できたが、海外から部品が届いたのは22日だった、というような状況である。

クリティカルパス法＊（CPM）は、プロジェクトのスケジュールを組むときの最も一般的なテクニックで、ほとんどのプロジェクトマネジメント・ソフトウエアに組み込まれています。**CPMは優先順位を設定し、一連のプロジェクトのアクティビティの予定を組んでいく方法で、相互依存関係を含んでいるプロジェクトに用いられます。**

CPMでは、ある業務の所要時間だけでなく、プロジェクトの終了日に影響を及ぼすおそれのない遅延や、余裕時間を意味するフロート＊も示されます。フロートとは、他のワークパッケージの遅延原因（フリー・フロート）やプロジェクト全体の終了日の遅延原因（トータル・フロート）となることを辛うじて避けられる、その要素成果物の遅延可能な時間のことです。

フロートのある業務はフロートなしの業務よりも、スケジュールにおける重要性が下がります。CPMが優れたツールである理由もそこにあります。

一方、**クリティカルパス＊とは、フロートがまったくないアクティビティで構成された経路のことです。プロジェクトを予定通りに終えるために、これらのアクティビティは時間通りに始め、時間通りに終えなくてはならず、柔軟性はありません。**クリティカルパスは、プロジェクトを最短で終了させたり、最も長い経路をとるための判断にも使えます。

図表4-7 クリティカルパスの理論図

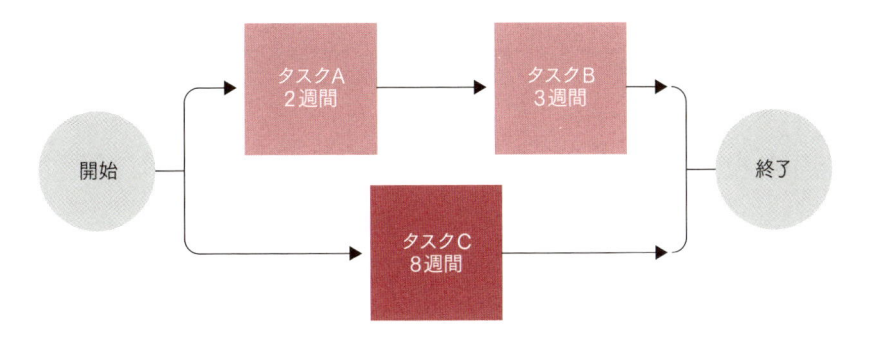

```
開始 → タスクA(2週間) → タスクB(3週間) → 終了
開始 → タスクC(8週間) → 終了
```

　プロジェクトでは、クリティカルパスに沿って業務を進めることが重視されますが、それは他の経路の業務をおざなりにしてよいという意味ではありません。フロートよりも遅れる業務が出てくれば、クリティカルパスも変わってしまいます。

　図表4-7を見ると、行動をとるときの原則が明らかになるでしょう。

　タスクCには8週間かかり、タスクAとBは合計5週間しかかからないとすると、後者のフロートは3週間となります。タスクCが遅れると、全プロジェクトのスケジュールが守れなくなる危険があるので、タスクCに優先順位を置き、開始と終了は時間通りに守ることが大切です。

スケジュールを共有する

　経験豊富なプロジェクトマネジャーは、「公式な」スケジュールの提示方法として、ガントチャートを開発してきました。ガントチャートの読み方がわかれば、依存関係を把握したり、計画に対して自分の作業の進み具合を確認したりすることができます。自分の担当部分のスケジュールを表示することもできます。

　ガントチャートは次の点を押さえて作成します。

- 棒線は各アクティビティを表し、棒線の長さは期間を表す。

図表4-8 プロジェクトマネジメント・ソフトウエアによるガントチャート

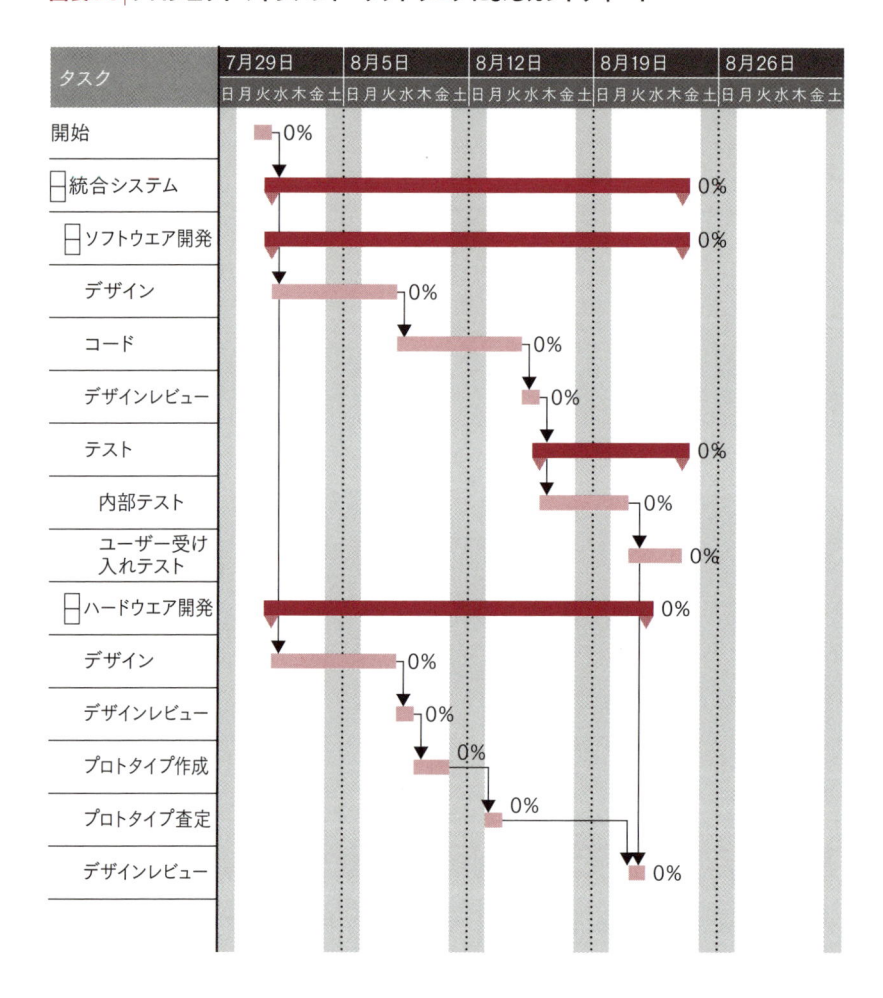

タスク	7月29日	8月5日	8月12日	8月19日	8月26日
開始	■ 0%				
統合システム	━━━━━━━━━━━━━━━━━━━━━━ 0%				
ソフトウエア開発	━━━━━━━━━━━━━━━━━━━━━━ 0%				
デザイン	━━━━ 0%				
コード		━━━━ 0%			
デザインレビュー		■ 0%			
テスト			━━━━━━━ 0%		
内部テスト			━━━ 0%		
ユーザー受け入れテスト				━━ 0%	
ハードウエア開発	━━━━━━━━━━━━━━━━━━ 0%				
デザイン	━━━━ 0%				
デザインレビュー		■ 0%			
プロトタイプ作成		━━━ 0%			
プロトタイプ査定			■ 0%		
デザインレビュー				■ 0%	

110 第1部●マネジメントの基礎的スキルを学ぶ

- アクティビティは線と矢でつなげていく。
- 左側からプロジェクトが開始し、右側で終了する。
- クリティカルパス上のアクティビティは通常、赤で記す。

　ガントチャートでは表しきれないチームメンバー、スポンサー、シニアのレベルについては、代替案としてカレンダーを用いましょう。カレンダー表示を使うと、チームメンバーや利用者は、期間中の各人の業務の時間枠が把握しやすくなります。用いるデータは同じですが、見え方は従来型のシンプルなカレンダーに近くなります（作業の始めと終わり、要素成果物の期限についてメモ書きがあるといったスタイルです）。

　プロジェクトチームが便利に使えるように、スケジュール表も含むプロジェクト管理ソフトが市販されています（図表4-8）。かなり複雑なものから機能を制限したもの、ガントチャートとカレンダーを併用してスケジュールを示すものなど、さまざまなタイプがありますが、どれを使うにせよ、あくまでもツールにすぎません。管理するのはあなたであって、ツールではないのです。

　プロジェクトでやるべきことを確認したら、次に役割と担当を検討します。誰がそれを行っているか、誰がその結果に対応しなくてはならないのか、誰に相談し、誰に連絡をとっていく必要があるかを考えます。

　人々をプロジェクトの仕事と結びつけるために使う一般的なツールが、RAM＊（Responsibility Assignment Matrix＝責任分担マトリックス）です。マトリックスに出てくる主な用語を見ていきましょう。

- **役割**：その人が責任を持ったり、計画を立てたりする部分。
- **実行責任**：チームメンバーに期待されている仕事。誰がその仕事を行うか。
- **説明責任**：その結果について答えることができるのは誰か。
- **コンピテンシー**：その仕事をするために必要なスキルや能力。
- **権限**：何かを行う権利（意思決定、支払い、リクエストの承認など）。

7 リスクのないプロジェクトはない

　計画段階の最後は、プロジェクトに関連するリスクの評価です。リスクとは、それが起こったときにプロジェクトの目標にプラスまたはマイナスの効果を及ぼす不確実な出来事や状態を指します。

　リスクは必ずしも悪いものではありませんが、プロジェクトの状況に沿って分析して、悪影響を軽減させる、あるいは望ましい効果を高めるためのリスク対策を織り込んでおく必要があります。

　リスクはどんなプロジェクトにもつきものです。リスクは顕在化し得るものであり、ひとたび顕在化すれば何らかの影響が生じます。**プロジェクトマネジャーはプロジェクト計画の一環としてリスクマネジメント計画を立て、そのプロジェクトを通して行われるアクティビティのリスクがどの程度かを、詳しく把握しておきましょう。**

　まず、リスクを伴うアクティビティを確認し、それがどんなときに顕在化するかを判断するとともに、そのリスクに責任を負う人々と一緒に、リスクの洗い出し、分析、文書化や、計画に用いたテンプレートやツールを見直します。

　リスクが特定されたら、リスクレジスター＊に登録します。最初のう

図表4-9　リスクレジスターに記載する内容

番号	リスクの説明	リスクの種類	優先順位	原因	発生確率

影響度	リスク対応	担当者	確認日	終了日	コメント

ちは、リスクについてごく限られた情報しかつかめませんが、そうしたリスクが顕在化する理由や対処方法がわかっていることもあるので、状況が判明したらすぐに文書化しておきます。

　リスクレジスターは、他のリスクを伴うアクティビティ中に、追加情報を把握するために用いられます。**図表4-9**にリスクレジスターに含めるべき内容の例を挙げます。

　プロジェクトのリスクを特定する基本プロセスは、難しいものではありません。プロジェクトチームと一緒にブレーンストーミングをしてみてください。チーム内の特定テーマの専門家たちは、それぞれの専門知識と関連づけて、リスクを定量的に把握しておく必要があります。

　リスク分析が終わったら、対策について計画します。優先順位、コスト、タイミングに基づいて適切に対応しなくてはなりません。中には、完全に回避または防止する必要がある重大なリスクもあるかもしれません。その場合は、計画そのものやスケジュールを見直したほうがよいこともあります。

　顕在化する確率や影響度から見て優先順位が低いリスクは、確率や影響度を軽減させるために何らかの緩和策を検討しておきます。たとえば、ベンダーの1社が、部品の納品予定に間に合わない可能性がある場合、代わりのベンダーを見つけておく対策が考えられます。

　さらに優先順位が低いリスクについては、特に対策を立てておくほどのことはなく、発現したら対処すればよいでしょう。

　最後に、リスクと問題は必ず区別しなければならないことに注意してください。問題とは、疑問が呈されたり、物議を醸したり、異なる見解や反対があるために議論されたりしている論点や事柄を指します。問題を書き出して話し合い、マイナスのプロジェクトリスクに発展するのを避け、プラスの効果をもたらすものに転換させるようにします。

8 | プロジェクトの実行

　プロジェクト計画を検討して承認が下りたら、プロジェクトチームのメンバーは、プロジェクトマネジャーのリーダーシップのもとで計画に取り組み、それぞれ担当する業務や仕事に取り組みます。
　プロジェクトの要素と、それに付随してとるべき行動を確認しておきましょう。

- 承認された計画通りに仕事を実施する。
- 情報を収集し、プロジェクトの現状を判断する。
- 計画と実際の状況との差異を確認し、分析する。
- 差異が出た原因を特定する。
- 必要に応じて是正処置を考え出し、評価する。
- 推奨される是正処置の点検と承認を行い、実行する。
- プロジェクト計画を更新して、ステークホルダーに伝達する。

　プロジェクトマネジャーは成功に向けて、現在の正確な情報をつかんで理論武装しておきます。プロジェクトの現状を把握するためには、複数の情報源を活用するとよいでしょう。

- 進捗報告書
- 進捗会議
- マネジメント・バイ・ウォーキング・アラウンド（MBWA＝現場を歩き回ってマネジメントするスタイル）

　プロジェクトにおけるコミュニケーションのとり方については、プロジェクトマネジャーが使う報告書や会議のタイプ、形式、頻度、情報源などを、コミュニケーション計画であらかじめ規定しておきます。

進捗報告書を設計する場合、チームメンバーが書きやすい形式になるよう、関連情報を載せて、どのくらいの頻度で更新するのかも必ず指定しておきます。進捗報告書に含めておきたい項目をいくつか挙げてみましょう。

- 終了した業務
- 開始した、あるいは未着手の業務
- 遅延している業務
- 未終了の業務、終了予定日を越えた業務
- 既存の要素成果物
- 期限に間に合わない要素成果物
- 現報告期間中に主に達成したこと
- 次の報告期間に主に達成すること
- 担当する行動項目
- 担当する問題
- 担当するリスク
- 新しく特定されたリスク
- 必要な添付資料
- 実施された変更
- 必要な変更

　日付を明記する必要がある項目もあります。
- 開始予定日
- 終了予定日
- 実際の開始日
- 実際の終了日

　進捗報告書では、色分けした記号がよく使われます。
- 緑＝すべて順調
- 黄＝少し遅れていて要注意

図表4-10　連絡フローのフォーム

		報告先					
		顧客	顧客担当マネジャー	スポンサー	プロジェクトマネジャー	チーム	バイスプレジデント
イニシエーター（先導者）	顧客		●	■		□	□
	顧客担当マネジャー	●		□		■	□
	スポンサー	■	□		●		○
	プロジェクトマネジャー	●	●	●		●	○
	チーム	□	□	□	●		■
	バイスプレジデント	■		■		■	

凡例
●：毎週
●：隔週
○：毎月
□：必要に応じて
■：不要

- 赤＝問題あり。期限に遅れる、間に合いそうにない

　プロジェクトマネジャーは別途、主要なステークホルダー向けに、非常に具体的な進捗報告書も作成しなくてはならないことがあります。こうした報告書では、リスク、問題、変更などに言及するのが一般的です。

　コミュニケーション計画では、**図表4-10**のように連絡フローをまとめた図表もよく作成されます。そこには、ステークホルダー、通常の連絡経路と連絡相手、コミュニケーションの頻度が記載されます。このツールを使うと、プロジェクト内の情報の流れ方が把握できるだけでなく、立場や役割の階層構造もつかむことができます。

進捗状況を把握して管理する

　良い報告書を理論的に補足するのが、良い会議です。プロジェクトマネジャーは、定例の進捗会議を開き、プロジェクトの進み具合を把握しておく必要があります。一般的に進捗会議は週1回ですが、プロジェクトのスコープと期間によって頻度が変わります。

　プロジェクトの途中で、障害の克服やリスク軽減のために、より頻繁にチームで連絡をとらなくてはならない段階にさしかかったときには、ごく短い会議を集中的に開くほうがよい場合もあります。時には「スタンドアップ会議」として、その名前の通りに、全員が立ったままで打合せをすることもあるでしょう。プロジェクトチームの一部のメンバーが離れた場所で働いているなら、ビデオ会議という方法もあります。

　こうした短い進捗会議は、メンバーに次の3つの問いに答えてもらう機会となります。

- 昨日は何を達成したか。
- 今日は何を達成するか。
- 今日の予定を実施するうえで妨げになることはあるか。

　プロジェクトマネジメントの正規の仕組みとして進捗会議は必須ですが、守るべき2つのルールがあります。1つはプロジェクトマネジャーが耳を傾けること、そしてもう1つはプロジェクトチームのメンバーが各自の作業状況を報告すること、です。

　第1章の「目的別コミュニケーション」で述べた効果的な会議運営のポイントは、プロジェクト関連の進捗会議にも非常に役立ちます。また、必ず質疑応答に時間をとることも大切なので留意しましょう。

　進捗会議に加えて、フェーズやゲート（フェーズやプロセスごとの「関所」のこと）のレビュー会議も開きたくなるものです。プロジェクトはマネジメントしやすくするためにフェーズ分けをしますが、その際に役立

つのが各フェーズの終わりに行うレビュー会議です。

　一般的に、この種の会議には、プロジェクトマネジャー、プロジェクトマネジメント・チーム、その他の主要なステークホルダーが出席します。また、チームメンバーは、各自の役割に応じて参加したりしなかったりします。

　発表すべきことや問題のある分野を含めて、レビューで扱う議題はプロジェクトの計画策定の間に決めておきます。その際に大前提となるのが、その時点までのプロジェクトの成果と今後の成果です。

　フェーズレビュー会議とゲートレビュー会議の違いの1つは、ゲートレビュー・ボード＊（GRB）を起用するかどうかという点です。フェーズレビュー会議では、プロジェクトマネジャーは主要なステークホルダーにプロジェクトの実施状況について発表しますが、ゲートレビュー会議では多くの場合、組織を超えたバイスプレジデントやディレクターのクラスで構成されるGRBに情報を提示します。

　GRBはプロジェクトの要素成果物、他の予算目標との達成度、品質指標などの情報をレビューし、そのゲートを通過させるかどうかを採決します。GRBのメンバーはそれぞれ一票を投じます。

　さらに、この方法の応用編として、あらかじめ文書化されて合意がとれている他の特定基準を満たさなくてはならないケースがあります。その場合、フィージビリティ（実現可能性）調査や詳細な市場分析の結果が良好であることなど、その組織やプロジェクトに特有の基準を満たさなければ、先に進めることはできません。

　フェーズレビュー会議とゲートレビュー会議のもう1つの違いは、何に重きを置くかという点です。フェーズレビュー会議は技術的な問題にフォーカスしますが、ゲートレビュー会議では、そのプロジェクトのビジネス的な側面について検討されます。

　ビジネスとして大きなインパクトがあるプロジェクトは前進させますが、そうでないプロジェクトは保留や打ち切りとなります。そこでは組織にとっての潜在可能性、リスク、適切なプロジェクトへの投資が主要

な関心事となります。

　一連の会議の間に常に表に出てくるのが、プロジェクトのアクティビティリストに含めるほどの重要性はないものの、やる必要のある作業項目です。予定された期限に沿って、こうした項目に注意し、行動記録をとる担当者を割り当てます。同様に、問題が起きたらそれに対処し、記録をつけて経過を追う担当者を置きます。
　終了日までにプロジェクトレベルで解決できない場合、その問題は上位レベルの処理事項とします。

9 頻出する変更をコントロールする方法

　最後に考慮しなくてはならないのが、変更に対応するための準備です。第3章で、人事関係の変化にスタッフを適応させるための課題を取り上げました。組織的な変化の中で人々をまとめる際の基本は、プロジェクト内での変更を管理するのにも同じく当てはまります。
　プロジェクトにおける変更は、プロジェクトチームに課されるというよりもむしろ、しばしばチーム内から起こります。文書化や合意されていない変更が生じる原因は、多くの場合、チームメンバーにあります。顧客にできる限り最高の成果物を提供しようとするがあまり、正式なプロセスを経ずに特徴や機能を追加してしまうのです。
　これは「スコープの増殖」と呼ばれ、プロジェクトの書類作成、審査、承認をする段階から、早くも始まることもあります。こうした変更をコントロールするためには、次のことを行います。

- 変更の確認
- 変更の記録
- 変更の承認の是非
- プロジェクト計画への変更の調整

正式なプロセスはプロジェクトの最初に設定するものであり、変更の提案や意思決定は最初から逐一記録します。単純な変更をコントロールするためのプロセスは、次のステップを踏んでいきます。

❶実行計画に沿った現行バージョンを定める。
❷変更要請を受ける。
❸変更に関する記録や日誌をつけて更新する。
❹その要請を検討するかどうか決める。
❺その変更提案によって、以下の計画上の変数にどのような影響が出るかどうかを評価する。
- スケジュール
- コスト
- 資産の使用
- リソースの使用
- エクスポージャー（リスクにさらされている割合）またはリスク
- 他の仕事（プロジェクトやそれ以外も含む）への影響

❻提案の準備をする。
❼審査や承認を得るために提案する。
❽承認をとる。
❾プロジェクト計画を更新する。
❿更新された計画を配布する（変更を伝える）。
⓫新しい計画をモニターし、追跡する（基準値を設定する）。

　変化をコントロールするプロセスが決まったら、プロジェクトマネジャーは速やかに、ステークホルダーに必要事項を伝えます。すべての関係者はその時点から、承認された変更要請のみに基づいて作業しなくてはなりません。

10 経験と教訓を活かすための終結プロセス

すべての業務を行い、成果物が顧客の手に渡ったら、そのプロジェクトは終了します。プロジェクトマネジャーはしばしば、手続き、ガイドライン、チェックリストなどのツールを用いて、プロジェクトの終結プロセスを進めます。

重要なポイントは、プロジェクトを終わらせるためには、まだやるべき仕事が残っており、それはプロジェクトマネジャー1人ではできない、ということです。一部のメンバーは任務を終えて元の組織に戻るかもしれませんが、他のメンバーは終結作業を手伝うために残ります。

プロジェクトの終結に伴う管理業務を挙げてみましょう。

- 学んだ教訓を把握する。繰り返すべきこと、避けたほうがよいこと、将来の取り組みに向けた推奨事項などをまとめる。
- プロジェクトの記録を収集して保管する。報告書、カレンダー、進捗記録を今後のプロジェクトでも使えるように、何らかのかたちのナレッジ・データベースをつくる必要がある。
- スタッフの業績を報告する。プロジェクトマネジャーは、プロジェク

図表4-11 プロジェクト終結時のチェックリスト

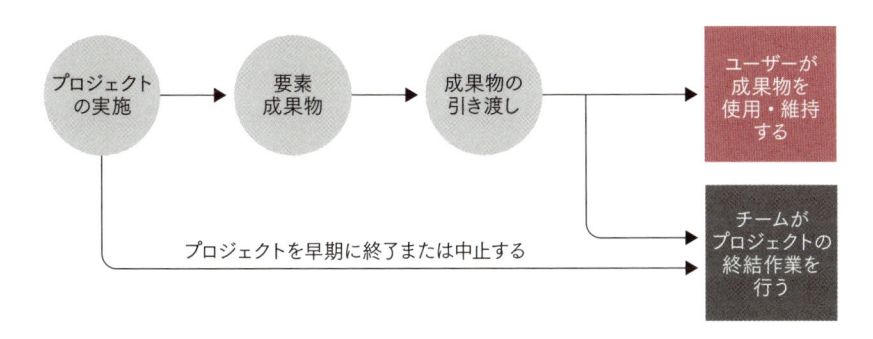

トの途中（長い場合）あるいは最後に、チームメンバーの業績について部門担当マネジャーにフィードバックすることが多い。
- プロジェクトチームを解散する。
- 収支をまとめる。

プロジェクト終了時には、「既知の問題、誤り、不備はすべて解決済みである」「技術文書をすべて作成した」というような、やるべき項目をまとめたチェックリストも役立ちます。

中止となったプロジェクトでも、きちんと終結させる必要があります。一部を簡略化したり省略するとしても、**図表4-11**のような終了手続きに沿って遂行します。

プロジェクトを終えるときに、忘れてはならない大事なことがあります。**あなたはマネジャーとして**——コーチ、リーダーなど多くの役割を意味することを覚えていますか——**メンバーに自分たちの仕事の意味や、取り組んだことの価値を実感させる必要があります**。チームが成功した、あるいは、少なくとも重要な教訓を学んだことを確認し、個々のメンバーに感謝の気持ちを伝えます。

ここで、2つのケースを紹介します。1つはそれなりに複雑なプロジェクトで、もう1つは極めてリスクの高いプロジェクトです。

どちらもごく少数の人々が従事するプロジェクトでしたが、メンバーに目の前の問題や機会をしっかりと把握する能力があったこと、すべてのワークパッケージが相互依存関係にあり、他の基本要素との間で制約条件がうまく相互作用したことにより、いずれも成功したケースです。

Case1　「その装置」とは何か：スコープ再定義が成功を引き寄せた

ウォッチガード・テクノロジーズの事業はもともと、参加者約24人で立ち上げたあるプロジェクトから始まった。そのプロジェクトは、革

命的なネットワーク安全装置を市場に受け入れてもらうことを目指していた。

　OSの制約があるソフトウエアではなく、プラグインであるところに独自性があった。しかし、これまでに何度も証明されてきたように、技術の世界では「独自性」が必ずしも功を奏するとは限らない。

　技術チームは製品のフィールドテストを行い、フィードバックに基づいて修正を加えた。チームは、成果物のスコープをどう明確にしていけばよいかを心得ていたのである。

　しかし、そのネットワーク安全装置を「市場で受け入れてもらう」ためには、どうやら技術面の対応だけでは不十分なようだった。マーケティング担当バイスプレジデントは、試作品をテストしてもらう、参考資料を作成する、展示会に出展するなど、必要と思われる一連の業務をすべてこなしたが、プロジェクトのスコープの中に何か欠けているものがあると感じていた。

　問題はネーミングにあった。マーケティング担当バイスプレジデントは、その装置を文章で説明したり、絵に描いたり、評価者にテストしてもらったりすることはできたが、そもそも「その装置」とはいったい何なのかという問題が常につきまとった。その時点まで、「ネットワーク安全装置」という一般名称しかなかったのだ。

　そこで彼は、それが何であるかを定義するという新しいワークパッケージをWBSに追加した。その結果、その装置は"Firebox"と命名されることになった。さらに、ネーミングに合わせて、装置を赤く塗る作業も行った。

　プロジェクトの成功に不可欠だったのは、ひと目見ただけで評価者や顧客を引き付け、テストしてみたいと思ってもらうことだったのである。その後、この製品は大成功した。WBSを再検討して適切な一連の作業を追加したことも含めて、優れたプロジェクトを計画し、実行したおかげである。

Case2　アポロ13号の帰還：歴史に残るハイリスクプロジェクト

　高いリスクを伴うプロジェクトマネジメントの古典的な事例は、アポロ13号が飛行中に困難に陥ったときに、3人の宇宙飛行士とNASAの地上勤務のエンジニアたちが協力して生還を果たしたケースだろう。

　プロジェクトマネジメントの著名なトレーナーで、著書もあるマイケル・ドブソンも、その道の専門家としての独自の視点から、アポロ13号の救出活動という劇的な物語を取り上げている。そのほかにも、本や雑誌の記事を読んだり、ロン・ハワード監督の実話に基づく映画「アポロ13」（1995年）を見るなどして、このときの状況を知っている人は大勢いるだろう。

　ちなみに映画では、俳優のトム・ハンクスがジム・ラヴェル船長を、エド・ハリスがNASA飛行管制官で救出作戦のプロジェクトマネジャーを務めたジーン・クランツを演じている。

　プロジェクトマネジメントの観点で極めて重要だったのは、エンジニアが会議室に集められる場面だ。ジーン・クランツは、アシスタントと一緒に巨大な箱を持って入ってくる。テーブルの上にガラクタでいっぱいの箱を放り出し、問題が起きたと、クランツは知らせる。司令船を停止させて、宇宙飛行士を月着陸船に移さなければならないのだ、と。

　月着陸船は設計上、2人の宇宙飛行士が1日半過ごせるだけだった。問題は、その月着陸船内で3人を、地球に帰還するまでの4日間、どうやって生存させるかだった。月着陸船には予備の二酸化炭素除去フィルターがないため、そんなことは不可能に思われた。司令船には予備のフィルターがたくさんあったが、どれも四角い形状で、月着陸船に必要なのは円筒形のものだった。

　ここで、このプロジェクトにタイトルをつけるならば、「丸い穴に四角い杭を打て」となるかもしれない。二酸化炭素比率が有害なレベル15に達する（現実的にすぐ起こり得る状態だった）前に、この離れ業をやってのけなくてはならないのだ。

「失敗という選択肢はない」と、クランツは部屋に集められたNASAエンジニアに警告したが、そこにいる全員が、「失敗は第一に挙がる選択肢だ」と思ったことは想像に難くない。

　すぐに、プロジェクトマネジメントの最大の課題である、3つの制約条件に注目が集まった。それは時間、コスト、スコープという鉄の三角形である。
　まず、なぜ時間が重要で柔軟性のない制約条件なのかを正確に認識する必要があった。二酸化炭素レベルが15に達すると、船内の3人は動けなくなる。そうなれば、地上のエンジニアが問題を軽減させるどんな策を講じようとも、3人は作業できないだろう。正確な測定がなされていない場合は、レベル14.8でも、15.5でもまずい事態になるおそれがあった。
　このケースではコストは度外視されていたと言うと公正さに欠けるかもしれないが、とにかくリソースが必要だった。コストの制約条件は、クランツとアシスタントがテーブルに放り出した箱の中身に行きつく。そのガラクタの寄せ集めは、おそらく宇宙飛行士たちが当座の修理で地球に安全に戻ってくるために取り組むべきことを象徴していた。
　ガラクタは事実上のプロジェクト予算と言ってよかった。しかし、箱の中身が宇宙船の中と正確に同じとは限らなかったので、実のところ、コストという制約条件さえもきちんと把握できていなかった。
　次の主な制約条件であるスコープは明白だった。このプロジェクトは、宇宙飛行士の命を救うための作業であって、それ以外の何物でもない。

　ここで、本章の前半で挙げたその他の3つの重要な制約条件、リスク、リソース、品質について考えてみよう。リソースはすでに、コストの議論の一部として取り上げた。
　次の品質はどうか。このプロジェクトは、品質が成果だけで定義されるものではないことを理解するうえで絶好の例と言える。アポロ13号のようなケースでは、スピードが品質に含まれる。どれほど優れた解決

策であっても1日を要するとすれば、それは、心臓発作を起こして運び込まれた緊急治療室で、「この救命救急科には素晴らしい心臓専門医がいますが、来るのは次の火曜日です」と言われるのに等しい。

　このケースでは、品質をめぐるもう1つの主要な特徴は、価値、すなわち望ましい投資対効果だ。スピードと価値は宇宙飛行士の生存を意味し、両方とも揃わなければ彼らは死んでしまう。どれだけ素晴らしい解決策かということよりも、問われるのは「十分に良い」かどうかということだった。

　結論を言えば、宇宙飛行士が空気浄化フィルターとしても使えるソックスをはいていたことが、「十分に良い」結果につながった。このケースから得られる重大な教訓の1つは、プロジェクトの成功に使えそうなものをすべて網羅した包括的なリストを作成する必要がある、ということだろう。

「十分に良いというのはなかなか厄介です。というのは、それを否定するプロジェクトマネジャーが多くて、『十分に良いでは駄目だ』と言い張るのです。しかし、彼らがそう主張するときに、『十分に良い』の対象が適切に定義されているとは私には思えません。困ったものです」と、ドブソンは指摘する。

　アポロ13号のチームが直面したように限界や制約のあるプロジェクト環境では、「十分に良い」を正確に定義をすることが重要になる。たとえそれを越える素晴らしい計画ができたとしても、「十分に良い」レベルを把握しておく必要がある。

　このプロジェクトが成功したのは周知の通りだが、プロジェクトマネジメントの観点からはまた違った見方ができる。彼らの勝利の本質は、最終的な制約条件であるリスクを活用したことにあった。

　最も重要なリスク（宇宙飛行士の死亡）を認識したことにより、プロジェクトチームはWhat if（もしも〜ならどうか）と問わざるを得なくなった。その結果、合理性と想像力に満ちた複数のシナリオがすぐに用意され、

素早い対応につながった。

　それが、この物語から導き出されるプロジェクトマネジメントの重要な教訓だ。

　成功しているプロジェクトは多くの場合、マニュアル通りの産物ではない。人間の才能、スキル、経験、そして、それらの総合力の賜物であるのだ。

Action Items

第 1 部のまとめ

　あなたが現在マネジメントの立場にあるか、近い将来に昇進が見込まれているかは関係なく、ここまで述べてきた教えを、少しずつ実践するための時間と余裕を持つようにしよう。

☐ **まずは自己評価から始める。**
　マネジャーの8つの役割を振り返り、うまくできそうなこと、逆にもっと鍛える必要があることを考えてみる。
　得意なことをアピールするよりも、バランスをとることを目指そう。なぜならば、8つの役割はいずれも、全力で取り組んでいく必要があるものであるからだ。

☐ **自分や部下の生産性がすぐに高まりそうな行動を、3つまたは4つ特定してみる。**
　会議のやり方を含めて、書面や口頭でのコミュニケーション力の向上は、すぐに成果が表れる分野である。

☐ **各章で推奨されていることを実行する際の優先順位を決める。**
　たとえば、職場の環境や部下のモチベーションに関して深刻な問題があることが明らかならば、健全な環境をつくったり、部下が全力を発揮して取り組めるように支援することなどに注力する。

☐ **チームメンバーと一緒に取り組む。**
　孤軍奮闘していても、メンターや尊敬できる同僚と一緒に働いたときに得られるような成長を遂げることはできない。
　ここまでに述べた主要なマネジメントスキルを習得するためには、スキルの学び方や使い方を教えてくれるロールモデルを社内で見つけるのが、最も効率的だ。

■ **プロジェクトを成功させた要因を綿密に調べる。**
プロジェクトマネジャーとしての新しい観点で、会議や製品投入でうまくいくこと、いかないことを把握する。
ドキュメンタリー、映画、テレビ番組を見るときには、その物語のどの要素がプロジェクトに関係するかを考え、担当者がどれだけうまく対応しているか、していないかに注意を向ける。成功の秘訣や失敗の理由として観察した事柄について、頭の中でリストをつくろう（もちろん物理的なリストでもよい）。

Senior Management Skills

第2部
マネジメントスキルの ステップアップ法
戦略思考とリーダーシップを発揮する

第2部では、経営の中枢を担うシニアマネジメントに欠かせない、戦略思考とリーダーシップについて学びます。たとえ今はその立場になかったとしても、戦略思考とリーダーシップはすべてのマネジャーに期待される素養であり、これらのスキルを日ごろから発揮できれば、あなたの仕事は格段にやりやすく、そして何よりも実り豊かなものになるはずです。

第 **5** 章
Strategic Thinking

戦略思考
―― 現実の業務のために戦略的に考える

シニアマネジャーに期待されるのは、チームメンバー全員が社内で現在果たしている役割と、将来的に果たす可能性や必要性がある役割について、戦略的に考えていくことです。現在の仕事と所属する部門のために、戦略的なマインドセットを養うことに主眼を置いて本章を読み進めてください。

1 戦略思考はなぜ必要なのか

　変化し続ける環境の中、組織の成功を支えるマネジャーには、戦略的なマインドセットへの転換が求められています。経済、技術、社会やライフスタイル、政治情勢、グローバル競争などの変化にも、企業は対応しなくてはなりません。その結果、組織の性質そのものが変わっていきます。

　組織構造はこれまで、逆転、急転換、拡張、縮小などの変遷を経てきましたが、組織構造が本来持つダイナミックな性質を踏まえて、情報とアイデアの流れを変えていくことが今日の課題となっています。

　そうした中、シニアマネジメントに期待されているのは、話をするだけでなく、人々の声に耳を傾けること。見たり、見せたりすること。そして、すべてのレベルの人々が情報、新しいアイデア、解決策のつくり手（利用者だけでなく）となる環境を整えることです。

　以下の点について、すべてのレベルの人々に新しい戦略の開発、提案、実行を奨励していく必要があります。

- 組織の生産性を高める。
- コストを削減する。
- カスタマーサービスの品質を向上させる。
- 最終利益に積極的に貢献する。

　組織のフラット化が進むにつれて、マネジャーの伝統的な役割は劇的なまでに変化しました。現場を管理するオペレーショナルマネジャーには、以前はシニアマネジメントの指示通りに業務、計画、意思決定、方針を、ただ実行することが期待されていました。しかし、今日のマネジャーには、計画策定プロセスへの参加が求められています。それは、組織の方向性を理解し、近い将来起こりそうな問題や課題を予測しつつ、

不確実な将来に対処するための解決策と戦略を提案することを意味しています。

戦略的な貢献が具体的に表れるのは、次のような場面です。

- 組織のビジョンを策定する。
- ビジョンの実現に欠かせない活動のために、資源を効果的に活用する。
- コミュニケーションを通じて、多様な意見を反映させながらイノベーションを促進する。
- 絶えず変わる顧客ニーズと競争相手の戦術を従業員が意識し続けるように、「What if（もしも〜ならどうか）」と常に問いかける。

実例を紹介しましょう。

Case

大小さまざまな技術系企業のソフトウエアエンジニアが参加するある団体は、参加企業の取り組みの中から良いものを採用し、それをアメリカ規格協会（ANSI）に提出して、国内標準をつくることを検討していた。

当初は単純に投票によって、コンピュータをより安全にするための技術仕様を承認し、その結果をANSIに提出しようとした。ところが、その仕様情報を公表してみると、反発が起こった。安全性との関連性が低い一方で、コンピュータ内の保存情報の合法的な共有が制限されるおそれがあるという意見が出たのである。

標準化委員会のメンバーの多くは、すぐにでも作業に取りかかって終わらせたいと思っていたが、委員長はプレスリリースを発表して批判的な人々にも会合への出席を呼びかけたうえ、委員会への参加者には投票権も与えることにした。

そうしたやり方に疑問を感じたメンバーもいたが、結果は驚くべきものとなった。委員長の行動によって、新しいメンバーを巻き込むことができ、懸案となっていた仕様の改善にも成功したのである。

委員長は業務効率を優先して議題を少しでも早く通過させようとする代わりに、委員会の真の目的——コンピュータセキュリティの作業に「すべてのステークホルダー」を関与させること——から目をそらさずに、その仕事をやり遂げたのである。その結果、委員会の評判も高まることとなった。

2　戦略的な枠組みを指針とする

　戦略思考をする人の主な特徴の1つは、同時並行的に考える能力を備えていることです。戦略思考では、短期と長期の課題、システムと人々、イノベーションと模倣といった要素を検討し、答えを導き出さなければなりません。

　こうした要素は、一見すると互いに対立しているように見えるので、オペレーショナルマネジャーには手強く感じられるかもしれません。しかし、戦略立案の責任者をはじめとする戦略思考の持ち主は、常にこうした相反する両面を探り、考慮したうえで決断や行動をしています。

　こうしたことをうまく行うためには、戦略的な枠組みを決めて、組織と事業環境に適用していく必要があります。枠組みがあれば、さまざまな選択肢の間で迷ったときの助けになります。ただし、枠組みは常に見直して、進化させる必要があります。

　戦略的な枠組みは、計画策定のためのツールであると同時に、担当部門、作業部門、そして組織全体が、次のことを行うときに役立つ、実践的なツールでもあります。

- 目標設定
- 職務の定義
- 役割と関係の明確化
- 進展状況の監視

オペレーショナルマネジャーは、管理業務の基盤となる、オペレーション計画、予算、目標に精通しています。同時に彼らは、企業の長期目標と、その達成に向けた主要な戦略も理解しています。

　しかし、後者は通常、高度で概念的なスタイルで記述されていて、具体的で定量的な指標や時間枠が抜け落ちています。企業はしばしばこのような文書（ステートメント）を、公表したり、事業に組み込んだりしますが、オペレーショナルマネジャーが日々こなさなくてはならない行動に直接結びつくことはほとんどありません。

　この両者の溝を埋める役割を果たすのが、戦略的な枠組みです。戦略的な枠組みは、戦略立案の責任者にとって、将来的に組織を動かすためのものであると同時に、オペレーショナルマネジャーにとっては、オペレーションに取り組むに当たっての背景（ミッション）であり、未来を戦略的に構想する（ビジョン）ための枠組みでもあるのです。

　次ページの図表5-1は、戦略的な枠組みとその要素を示したものです。それぞれが上位のレベルを支えるピラミッド型になっていますが、焦点は常にサービスの対象である顧客や取引先に当てられています。

戦略的な枠組みの要素

　戦略的な枠組みには、対象とする階層や範囲が異なる以下のものがあります。組織内の全部門、あるいは、一部門とその上位組織に同時に当てはまるような戦略的な枠組みは存在しません。

▶**ビジョン**　予測可能な近い将来における企業、事業部門、部署などにとっての望ましい状態

　自分のグループの価値観、顧客や取引先との関係に重点を置きながら、どのようなことが可能であるかを表している。通常、未来時制をとる。

　例：「私たちは顧客や同僚から、南西部の伝統的住宅にかけては最も素晴らしいと言われる建築会社になります」（大手建築会社）

図表5-1　すべての戦略的枠組みは顧客を中心とする

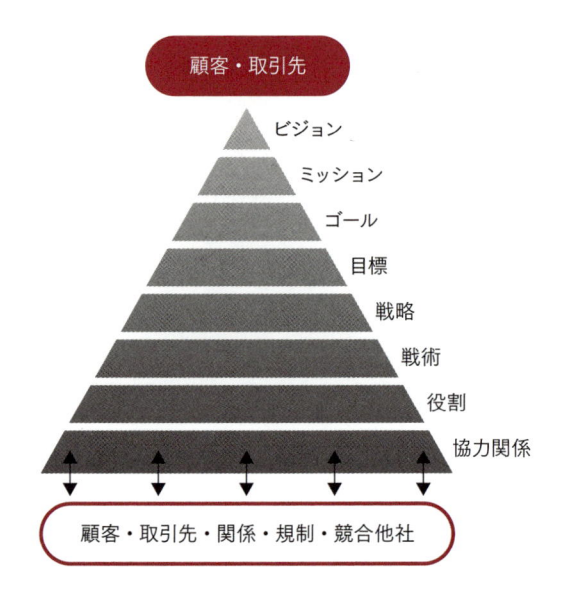

```
                    顧客・取引先
                       ▲
                      ビジョン
                     ミッション
                      ゴール
                       目標
                       戦略
                       戦術
                       役割
                      協力関係
              ↕   ↕   ↕   ↕   ↕
         顧客・取引先・関係・規制・競合他社
```

▶**ミッション**　その企業、事業部門、部署、組織、グループの存在理由

「我々の事業の目的は何か」という問いに対する回答。ミッションステートメントには、その企業が何をするか、誰にサービスを提供するか、どのような製品やサービスを提供するかを記載しなくてはならない。ミッションステートメントは現在形で書かれ、現在の目的を表す。

　例：「収益を上げて楽しもう」（防水透湿素材メーカーのW.L. ゴア）
　　　「ACEは、安全かつ効果的な運動と身体活動を通して、生活の質を豊かにすることを目指す非営利団体です」（ACE＝アメリカ運動評議会）

▶**ゴール**　ビジョンへと導くもの

　将来を考えながら、ミッションを実現できるように、全体として達成することや主な事業分野での活動について述べる。ビジョンに向かって

進んでいるかどうかを示す主観的な測定手段であり、ゴールを掲げることは企業、事業部門、部署、グループにとって戦略的な責務である。
　例：「今後10年間で太平洋岸北西部の市場を拡大する」

▶**目標**　ゴールに向かっていくための主要なステップ
「どうやって成功を測定するか」という問いに対する回答。具体的かつ測定可能でなければならない。1つのゴールに対して複数の目標が必要なこともある。目標を達成することでゴールに向けて前進しているのがわかる。目標は、企業、事業部門、部署、グループが、それぞれのゴールに到達するために役立つ。
　例：「各パートナー（共同経営者）は翌会計年度末までに、ホテルやリ
　　　ゾートの契約を1件受注する」
　　　「プロジェクトマネジャーは、すべてのソフトウエアプロジェク
　　　トのスタッフを対象とした社内研修プログラムを〇月〇日までに
　　　実施する」

▶**戦略**　目標で定めたステップをとるための方法
　グループが、目標を実現するための選択肢を明確にする。高いレベルの長期的な結果に焦点を当てたゴールや目標と比較すると、具体的で範囲が限定される。目標のための手段となる。
　例：「ホテルのオペレーションに詳しいコンサルティング会社と戦略
　　　的提携を結ぶ」
　　　「社内研修プログラムを始める前に、プロジェクトマネジャーに
　　　研修のテクニックを教える」

▶**戦術**　誰がいつまでに何をするかを定めたもの
「あなたや他の人々が具体的に何をするか」という問いに対する回答。戦略を支えるための、短期の具体的な行動を明確にする。
　例：「オフィスマネジャーは、プロジェクトマネジャー向け研修にふ
　　　さわしいセミナーを研究して推薦する」

▶役割　各部門が担当しなくてはならない職務の範囲

「各部門はオペレーション計画で何を担当するのか」という問いに対する回答。職務の担当者を特定する。組織内の各部門に割り当てられた一連の担務（役割）を特定し、誰がその部門の戦略や目標を支援するか、どのようにそれを支援するかについて明確にする。担務には、その企業、事業部門、部署、グループの人々を満足させる具体的な業務が含まれるが、そのまま職務説明書になるわけではない。

　例：「マーケティングの責任者は新しい市場を研究し、戦略提携の候補先を特定し、セグメントごとのマーケティング戦略を定め、商品提案と必須条件をまとめる責任を負う」

　　　「パートナーは各自で新しいクライアントを開拓し、品質と収益性に関するゴールに到達するために、リーダーシップを発揮してマネジメントを行う」

▶協力関係　共通のゴールに到達できるように、他の人々とどのように協力するか

組織のメンバー、同僚、ディレクター、コンサルタント、顧客、取引先、ベンダー、規制当局などとの間で、戦略的な方向性を提示して、連携を図る。こうした関係は、共通の成果を目指す人々の間で生まれる重要な相互交流である。協力関係は企業、事業部門、部署、グループにおける全活動の基盤となる。

　そして最終的に、主要な関心事は顧客へと戻ってくる。

　例：「プロジェクトチームには、私たちの行動を導く顧客ニーズや基準に沿って、ソフトウエアの開発に取り組むうえで影響を及ぼす社内外の人々がすべて含まれる」

組織によって違う呼び方や社内用語を使うところもあるでしょう。しかし、どのような呼び方をするにしても、これらの概念に精通しておかなければなりません。

3 │ 明確なミッションと心を動かすビジョンが変化を起こす

　オペレーションにおけるミッションを定めるうえで欠かせない要素が、チーム、顧客、競争相手です。チーム、顧客、競争相手の相互関係がどうなっているか、その関係をどのように変化させると、ビジョンに命が吹き込まれて実現へと結びつくかというように、ズームアウトして大局的に捉える能力が戦略思考では求められます。
　ミッションとビジョンはよく混同されます。**ミッションは何をするかを、ビジョンは望ましい将来の状態を示すものです**。変化が不要もしくは望ましくない場合は、明確なミッションステートメントがあれば事足ります。しかし、変化を起こそうとするなら、それに加えて、心を動かすビジョンも必要になってきます。

　明確なミッションと共有されたビジョンは、全社レベルはもちろん、あらゆる事業部、部門、グループ、チームでも必要となります。全体の中の一部として、現時点での目的を明確にし、将来を新たに創造していくのです。
　戦略思考の持ち主はどの地位にあろうと、自分自身と目の前のチームのために、ミッションやビジョンの策定に取り組むものです。自分のグループのためにミッションステートメントをつくり出すことは、戦略思考のスキルを身につけるうえで計り知れないほどの価値があります。
　次の質問に下の例を参考にしながら、答えてみてください。

Questions
- **あなたは誰か**：具体的な言葉でどのように特定されるか。
- **あなたはどのような人か**：どのような性質を持つか。
- **あなたはどのようなことをするのか**：どのような製品やサービスを提供しているか。

- **あなたは誰にサービスを提供するのか**：顧客は内部か外部か、それとも両方か。顧客はどのような人々か。
- **あなたはなぜ存在するのか**：ミッションに基づいて、顧客にどのような価値をもたらすか。

Examples
- **あなたは誰か**：地元の町のゴミ処理会社のゴミ・リサイクル部門。
- **あなたはどのような人か**：ゴミ収集のスペシャリスト。
- **あなたはどのようなことをするのか**：ゴミとリサイクルの収集サービスを提供する。
- **あなたは誰にサービスを提供するのか**：アメリカの地方の町に住む住民と事業者。
- **あなたはなぜ存在するのか**：ゴミ除去とリサイクル収集をクリーンかつ効率的に行うため。

SWOT分析を使いこなす

　優秀なオペレーショナルマネジャーや戦略思考の持ち主は、特定のグループで起こっていることだけでなく、顧客、競争相手、業界内で起こっていることも理解しています。

　こうした視点を養うのに効果的なツールが、SWOT分析＊です。グループ特有の強み(Strengths)、弱み(Weaknesses)、機会(Opportunities)、脅威(Threats)の頭文字をとったものです。

● **S　強み(Strengths)**
　顧客の最も重要なニーズと期待に合うスキルや実践が含まれる。このコアコンピテンスにより、やがて優れた結果を出すことができる。可能ならばいつでも強みを活用し、その最大化を試みよう。

● **W　弱み(Weaknesses)**

現在のコアコンピテンスと業績に不足している部分を特定する。こうしたスキルや実践を今後改善し、顧客の期待を満たせるようにしなくてはならない。弱みを最小化または消すために努力しよう。

● O　機会（Opportunities）
顧客のニーズ、ウォンツ、期待を理解すると、浮かび上がってくる。こうした機会は、ニーズを満たすために開発可能な新しい市場やサービスに反映される。機会を捉えて活用しよう。

● T　脅威（Threats）
競争上、不利な事業領域である。生き残っていくためには、こうしたマイナスの傾向、出来事、プレッシャーに対処しなくてはならない。脅威を特定し、軽減させよう。

　SWOT分析は、内部から自分のチームを評価するためでなく、顧客と競争相手を評価するためにも活用できます。たとえば、主要顧客との協力関係や提携を強化する際に、彼らは何が得意か、どこを強化する必要があるかがわかれば、一緒に取り組む機会をつくり、必要なサービスや製品を提供できるようになります。
　SWOT分析によって自分のチーム、顧客、競争相手を理解すれば、望ましい将来像がつくり出せるようになります。さらに、リソースの活用をめぐって、賢明な意思決定をすることも可能になります。
　将来の成功に決定的な影響を及ぼしかねない事態に直面した場合のマネジャーの役割は、未来への機会を最大限に広げ、潜在的な脅威を減らしたり取り除いたりする方法を見つけることです。オペレーショナルマネジャーや戦略思考の持ち主は、その組織の強みと弱みだけでなく、機会と脅威も特定してから、ミッション（What is）からビジョン（What if）へと進んでいきます。
　機会と脅威として、たとえば、次のような内外の要因が考えられます。

外部要因	内部要因
政府	組織構造
環境	文化
政策	政策
社会	組織内の人間関係
技術	技術
グローバリゼーション	アウトソーシング

　競争相手のSWOT分析は、自社の現状の業績レベルを測定するためのベンチマークとしても使えます。この分析からも、自分のチームが将来的にゴールに到達するためにとるべき方向性が導き出せます。的確なSWOT分析は、戦略優位をつくり出すことにほかなりません。

4 ビジョンの戦略的な分析

　ミッション（What is）からビジョン（What if）へと移るプロセスでは、内部要因と外部要因の両方、つまり、所属チームの将来と、顧客や取引先の将来のどちらも重視していく必要があります。顧客に価値を提供する責任は社内の全員で共有するものなので、戦略思考の持ち主は、将来についての見解をつくり出し、共有しなくてはなりません。

　SWOT分析を繰り返し行うことで、今後のビジネスのやり方に影響を及ぼす傾向に対して、アンテナを張ることができます。こうした傾向とそれが顧客に与える影響に応じて、グループやチームは変化や順応を求められます。そのときに常に注意すべき点があります。

- 我々は何を行うか。
- 我々はその仕事をどう行うか。
- どのようにすれば、その仕事を継続的に改善していけるか。

これらの点を突き詰めて考えることで、顧客と取引先に価値を提供し続けることが可能となり、同時に戦略的な洞察力も養われます。つまるところ、ビジョンやミッションを持つべき理由は、顧客や取引先にあります。「What if」と絶えず自問することで、適切な行動や戦術を設計、開発、選択できるようになるのです。

顧客のニーズ、ウォンツ、期待を知る

　顧客や取引先はそれぞれ一定の要求事項を持っており、それに照らして相手を評価します。あなたが所属する部門やチームのゴールと目標を確認し、長期的な成功に向けた戦略と戦術を策定するためには、それらの要求事項を理解しておくことが不可欠です。

　広範囲で詳細な時間のかかる市場調査を行って、顧客や取引先が何を求めているかを知るのも１つの方法です。しかし、過去や現在の顧客との関係を調べ、顧客の意思決定プロセスや市場の動向に注意を払うことで、顧客について継続的に多くを学ぶことができます。こうして得た知見は、同じ顧客に対応している組織内（他部門）の他のメンバーたちと議論することで、さらに深めることができます。

　顧客の意識について明確な見解を持つには、顧客の関心事をニーズ、ウォンツ、期待という３つの基本分野に分類してみるとよいでしょう。

▶ニーズ

　顧客の基本的な要求事項や、あなたのグループやチームが提供する製品やサービスから、顧客が必要としていることを特定する。顧客や取引先はその製品やサービスが意図した通りに機能すること、提供されたデータが正確であること、コミュニケーションが効果的に行われることを求めている。

　こうしたニーズは基本的なものだが、満たされていないとき以外は話題にのぼらず、思いつかないことが多い。思い切って、「なぜ私たちを選んだのか」と聞いてみるのもよい。

▶ウォンツ

　顧客と取引先が望んでいるが、今のところ現実的に難しいものを指す。たとえば、価格の引き下げ、納期の短縮、現在提供されていない（もしくは、提供されているけれども手が出せないほど高い）追加製品やサービス改善などを求めているかもしれない。多くの顧客は希望を語るが、思い込みにすぎない場合も少なくないので、鵜呑みにしてはいけない。

▶期待

　当然に期待される品質やサービスの基準である。競合他社や自社のサービスや品質に関する過去の顧客の経験、広告やメディアなどの情報源から独自に得た情報などから、期待は形成される。顧客とコミュニケーションをとったり、顧客を事業戦略開発のパートナーとして扱ったりすることで、そうした期待の多くはマネジメントできる。

　先ほど、市場調査を用いる方法もあると述べましたが、長期計画や人間関係を構築するのに、「1回限り」の顧客意識調査に頼るのは危険です。顧客の期待は変動する傾向があるからです。こちらが期待を満たすようになると、顧客は新しい期待を抱くようになります。

重要度と成果の2軸で優先度を測る

　オペレーショナルマネジャーはたいてい、自分のチームの強みを特定するのが得意です。戦略思考の持ち主はこうした強みを評価し、顧客の欲求や競争相手の施策と、そうした強みとの間でうまくバランスをとっていきます。顧客が自社の製品やサービスに感じる相対的な重要性に基づいて優先順位づけをして、適切な行動をとることが大切です。

　その1つのやり方が、**重要度（Importance）と成果（Performance）の2軸でつくるIPマトリックス**です。顧客から得た情報を用いて、顧客のニーズ、ウォンツ、期待の相対的な重要度と、自分たちがそれに合わせてどれだけ成果を出しているかが把握できます。

IPマトリックスは、顧客の視点で、競争上の強みと弱みを評価するうえで有用なツールです。業界内の競合他社と比較して自社を評価する場合に使うのが一般的ですが、チームのレベルで現状の顧客満足度を評価し、戦略上の優位性を築く際にも使えます。

　マトリックスを作成するときには、まず顧客に関するデータを集め、その後マッピングを行うという2段階を踏みます。データ収集に役立つ質問を紹介しましょう。

- 顧客のニーズは何か。
- 顧客は短期的に何を期待しているか。
- 顧客は長期的に何を期待しているか。
- 自社が現在提供している製品やサービスを、他社は提供できるか。
- 顧客がビジネス上のゴールを満たすうえで、自社の製品や顧客サービスは顧客にとってどれくらい重要か。
- サービス特性の相対的な重要度はどの程度か。
- 顧客の期待にどのくらい応えているか。

　こうした質問への回答を集めて、次の2つの主要な検討事項について、1〜10のスコア（1は低い、10は高い）で評価します。
①顧客のニーズ、ウォンツ、期待のそれぞれの重要度
②各項目について自社が認識している成果のレベル

　ウォンツやニーズを縦軸、成果を横軸として、マトリックスをつくります。縦軸は「重要度」、横軸は「成果」で、交差する部分は主に現在と将来的な成功を示しています。

　顧客の視点から重要度と成果を当てはめると、どの部分に「戦略的な修正」を加えるか、どの順番で実施するかを判断できるようになります。当てはまる位置は4象限に分かれ、それぞれ次のような活動が考えられます。

優先事項へのリソースの配分を決める1つのやり方は、全社的に部門横断型のチームをつくり、特定された問題をメンバーに評価させることです。こうした問題への対策を決めるときには、SWOT分析に戻ります。優先事項は次のいずれかになるでしょう。

- さらなる増強が必要な強み。
- 修正が必要な弱み。
- 追求する価値のある機会。
- 削減や回避が必須の脅威。

　IPマトリックス上に、自社と競合他社のスコアを一緒に入れてみると、

図表5-2 | IPマトリックス

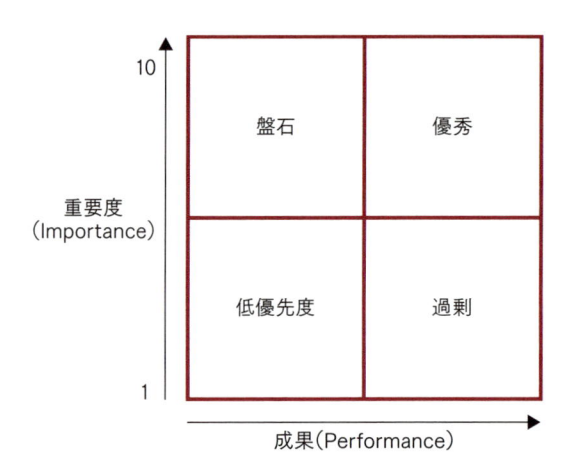

```
          10 ┌─────────┬─────────┐
             │         │         │
             │  盤石   │  優秀   │
             │         │         │
   重要度    ├─────────┼─────────┤
（Importance）│         │         │
             │ 低優先度│  過剰   │
             │         │         │
           1 └─────────┴─────────┘
                  成果（Performance）→
```

- **優秀（右上）**：顧客が非常に重視する分野で優れた成果を出している。
- **過剰（右下）**：そのことに時間をかけすぎているかもしれない。こうしたニーズに対する顧客の重要度を高めるか、そのための労力を極力減らすか、いずれかの対応をとるべきである。
- **低優先度（左下）**：優先順位は最も低い。顧客はこの部分の結果はほとんど重視していないので、さらに努力しても顧客満足度はたいして向上しない。
- **盤石（左上）**：確固としたものとする必要がある。顧客満足度と今後の競争優位を拡大するために最も注意を払うべき、真の優先事項である。

戦略上の優位性を確保するための貴重な洞察が得られます。

　非常に重要なニーズで、競合他社よりも大幅に良いスコアであれば、競争優位に立つことができます。そうした分野で自社の製品やサービスを強化し続けることにより、優位性が増すか、少なくとも現在の地位を維持することが可能になります。

　重要なニーズや期待で競合他社を下回っていれば、少なくとも標準レベルに達するまで「戦略的な修正」をしなくてはなりません。

　IPマトリックスは便利なツールですが、自分たちにビジョンがある場合に限って、本来の力を発揮します。ビジョンとは、目の前にあるオペレーションの現実と将来を目に見えるかたちで結びつけ、そこにたどり着くために必要なモチベーション（および課題）を具体化したものです。卓越性や品質に言及し、感情に訴えかけ、組織内あるいは外部の顧客とも共有可能な姿勢を表します。

　ビジョンは望ましい将来像を示します。ビジョンをつくる際には、（内外の）顧客ニーズと、サプライヤーやベンダーをはじめとする関係者のニーズの傾向を考慮に入れながら、自部門の将来に必要な結果、言動、他の特徴を決めていきます。組織のニーズや、顧客や取引先の変化に伴って、ビジョンは絶えず更新しなくてはなりません。

　良いビジョンは、ミッションを遂行してビジョンを支える責任を持つ人々をまとめていくうえで役立ちます。ただしそれは、マネジャーが、現在の活動と目指している将来とのつながりを定期的に指摘している場合に限られます。

　部門、グループ、チームが行うあらゆる意思決定やとるべき行動を測定する物差しとして、ビジョンを有益なかたちで維持し、活用していかなくてはなりません。効果的なビジョンステートメントの例を紹介しましょう。

「かすかな音も明瞭に」（ハイエンド向けの商用オーディオ機器メーカー）
「障害者擁護団体として、バリアを取り除き、人々の生活の質を高める

ために尽力します」（身障者に職業斡旋サービスを行う非営利団体）

　戦略立案の責任者は、ビジョンやミッションの実現に向けて動きます。そこで成果を出すためには、ビジョンの実現を担っていく部下を巻き込み、グループを支援し、ビジョンを支えるミッションを絶えず見直して改良していきます。

5 ビジョンを実現させるコミュニケーション力

　説得力のあるコミュニケーションのスキルを身につけない限り、戦略思考だけではビジョンは実現しません。 ビジョンに命を吹き込むための活動に主なステークホルダーを巻き込むことは、マネジャーにとって大きな課題であり、有意義な挑戦でもあります。
　自分が所属する部門、グループ、チームに部門横断的なステークホルダーがもたらす価値を誰もが理解できるように、戦略的な議論を始めることが、戦略立案の責任者の役割です。戦略思考では、さまざまな観点からそのシステム内のつながりを理解し、議論する能力が重要になってきます。
　説得力のあるコミュニケーションをとるために最良の方法は、普段の交流から生まれる機会を活かすことです。そうすれば、あなたは戦略的な議論に参加して、自分や部門、グループ、チームにとっての価値を高めることができます。コミュニケーションの機会を捉えることで、イノベーションを促進するという、戦略思考の持ち主の主要な特性が発揮されるのです。
　顧客、取引先、サプライヤー、ベンダー、あらゆるクラスの従業員の話に耳を傾けることにより、最も良いアイデアを拾い上げ、提供する製品やサービスの価値を増大させられます。新しい概念、アイデア、アプローチが喜んで受け入れられるとき、イノベーションは促進されます。
　十分に検討したうえで積極的に戦略的な議論を深めていけば、新しい

イノベーションのプロセスが加速され、部門、グループ、チームが競争優位を獲得するうえで役立ちます。
　準備、実践、問題解決の3つが揃えば、戦略的な議論ができるようになります。

▶準備
- 他の人々が抱えている問題、疑問、関心事を予測する。
- 自社の経営戦略、競争相手、市場動向、顧客、リソースをめぐる関連情報を収集する。

▶実践
- 会議の議事やシナリオを準備する。
- 信頼できる同僚と、会話のロールプレイを行う。

▶問題解決
- 創造的な解決策を探すことに集中する。
- 探査、傾聴、明確化のスキルを用いて、対話を促す。
- 自分の知識と専門性を、他者と共有する。
- コラボレーションを通じて主体性を促す。
- 良いアイデアを認めて、協力関係を強化する。

　ビジョンの実現に際して、説得の技術を磨いて活用しなくてはならない理由はさまざまです。特に次のような場合には、他の人々の協力が欠かせません。

- 自分の計画を認めてもらう。
- 自分の計画を修正する。
- 自分の計画を支持してもらう。
- 自分の計画に参加してもらう。
- 結果を見直す。

- そこから学ぶ。

　戦略的な枠組みをつくるときには再度、次の要素とその定義を思い出しましょう。

要素	定義
ビジョン	私たちはどうなるか
ミッション	なぜ私たちは存在するか
ゴール	なぜ私たちはそこに行くのか
目標	私たちがとるべき主要なステップ
戦略	どのようにして目標を達成するか
戦術	誰が何をいつまでに行うか
役割	課題に対する責任
協力関係	共通のゴールに向かって働く人々

　戦略的な枠組みがこうした有意義な概念でかたちづくられている限り、それは単に目を引く美辞麗句から成るものではなく、ステークホルダーを納得させる根拠となるでしょう。

第**6**章
Leadership

リーダーシップ
――ビジョンを実現するために

マネジャーの数ある役割の中でも、真っ先に挙げられるのが、リーダーとしての役割です。リーダーは長期的な視点を持ち、ミッションとゴールを踏まえたうえで、日々やるべきことを考えていきます。また、ビジョンを実現させるために、周囲を説得する力が求められます。

1 リーダーシップの自己評価

リーダーは自分たちがとるべき方向性について戦略的に考えながら、組織を前進させます。組織の枠を超えて人間関係を構築し、組織の評判を守っていくのです。

本章では、常に次の3者を前提に、リーダーシップについて論じます。

❶**ゴール**　達成すべきこと
❷**リーダー**　到達すべきゴールを思い描く人
❸**フォロワー**(追随者)　そのゴールを追求する人々

組織内でこの3者をどう連携させるかは、リーダーの手腕にかかっています。

あなたは「生まれながらのリーダー」でしょうか。それとも、そのままでは力不足で、体系的にリーダーシップのスキルを磨いていく必要があるのでしょうか。自分のスキル、特徴、コンピテンシー、能力、経験について自己評価をしてみると、重要なヒントが得られるはずです。

自己評価の第1の要素は、あなたがリーダーを務めるに当たって、上司があなたに最も期待しそうなことです。**図表6-1**に挙げる項目のうち、自分の強みだと思うものには「S」(Strength)、習得する必要があるものには「D」(Development)をつけてみてください。最後に、自社に当てはまると思われる固有の特徴を、1つか2つ追加しましょう。

リーダーとして有能かどうかを考える場合、部下からの期待も同じく重要になってきます。できれば部下の意見も聞いて、部下がリーダーに望むと思われる特徴をいくつか挙げてみましょう。そして、上司と部下のそれぞれの期待について、類似点や相違点を考えます。

図表6-1　リーダーに求められる要素（上司の視点から）

- ▶ 成果、品質、サービス、利益、市民としての責任のために、組織のゴールを達成しようと全力で献身的に働く。
- ▶ 難しい仕事を求め、その結果に対して全責任を持つ。
- ▶ 目の前の問題に挑み、障害を克服する方法を探す。
- ▶ 問題社員にうまく対応し、高業績チームの生産的なメンバーへと変える。
- ▶ 組織のビジョン、価値観、ゴールに合わせて、個人とチームの取り組みを調整する。
- ▶ 危機や急変する状況に、スムーズに対処する。
- ▶ 変化を予測して管理する。変化への抵抗感を克服する。
- ▶ 先見性と自発性を示しながら、慎重かつ理性的な計画を立てる。
- ▶ 明晰かつタイムリーに意思決定し、重大な問題に直接対処する。
- ▶ どのレベルの人々とも分け隔てなくコミュニケーションをとり、信頼し合える環境をつくる。
- ▶ グループの全メンバーの生産性とロイヤルティを高める。
- ▶ 部下を励まし、より大きな実行責任や説明責任を持たせる。
- ▶ 活力、主体性、誠実さを、高いレベルで示す。
- ▶ 次の、自社固有の特徴を備えている＿＿＿＿＿＿＿＿＿＿＿＿＿＿＿＿＿

　たとえば、部下はリーダーに対して次のようなことを期待するかもしれません。

- 部下が仕事をしやすい、健全な職場環境をつくる。
- 部門の業績や人間関係を、適切にマネジメントする。
- 部下のニーズや欲求を理解する。
- 部下に仕事を任せるが、相談しやすく、支援もする存在となる。
- 部下の質問に対して、きちんと答える。
- 意思決定は公正に行い、部下のニーズにも配慮する。
- 部下の問題解決を手伝う。
- 外部の障害や問題から、部下を守る。
- 部下のニーズや関心事のために戦う。
- 必要な情報、時間、リソースを部下に提供する。

こうした期待に、自分がどれだけ応えられているかを評価してみましょう。どれがSで、どれがDでしょうか。上司が期待することと、部下が求めるリーダーの資質とを大まかに比較してみます。

▶上司が期待する項目
- 技術的なスキル（その仕事の技術面に対処する能力）
- マネジメントスキル（計画策定、整理、支援、指導をする能力）
- 対人関係スキル（しっかりした人間関係や強いチームをつくる能力）
- 願望（ゴール達成に励むリーダーになろうとする抑制の利いた野心）
- 性格（困難な状況にうまく対処する冷静さ、判断力、誠実さ）

▶部下が期待して尊敬する人物像
- コンピテンシー（物事をやり遂げる確かな能力）
- 信頼性（信頼感を与える個人的な資質）

マネジャーに求めるものが、上と下ではいかに違うかを教えてくれる事例があります。

Case

ケイト・マクミランは、コンピュータ事務機器製造業者協会（現・情報技術工業協議会）で2人の基準担当ディレクターのもとで働いた後、そのポジションを引き継いだ。

最初のディレクターは、ステークホルダー、特に上層部と会員企業から非常に尊敬されていた。上層部の人々は、技術的な能力、会員間の連携を図る能力、課題に対するマネジメント力における並はずれた業績で、彼女を評価していた。

その一方で彼女の部下たちは、1人だけをひいきして、他の人々にはつらく当たったり、プライドを傷つけたりすると感じていた。そうした状況があまりにもひどかったので、ケイトは上層部と他のスタッフとの関係を取り持つ役割も担っていた。

このディレクターの後任を選定するに当たり、上層部は悲惨な事態を繰り返さないように正反対の人物を起用した。新しいディレクターは、部下から好かれる人柄の良い人物だったが、残念ながら技術力では見劣りがした。ステークホルダーたちはすぐに、基準案の承認をとる際に、そのせいで自分たちにも悪影響が及ぶことに気づいた。

　その後、ケイトが同職に昇格すると、上層部、会員、部下のいずれもが満足した。もっとも、それは彼女にとって僥倖ではなかった。他の人々が自分をどう思うかだけがリーダーシップではないと心得ていたので、その仕事をやりたいという意欲を行動で示したのである。それは、上層部がリーダー人材に求める重要な資質だった。

2 リーダーにふさわしい振る舞い

リーダーにふさわしい振る舞いはSPARKで表すことができます。

- **S** 情報共有（Share Information）
- **P** 強みの発揮（Play to Strengths）
- **A** 意見を求め、異なるアイデアを歓迎する
  （Ask for Input and Appreciate Different Ideas）
- **R** 個人のニーズを承認して対応する
  （Recognize and Respond to Individual Needs）
- **K** 約束を守る（Keep Your Commitments）

情報共有

　SPARKのS、情報共有は、常に優先項目として挙げられるリーダーシップの特徴です。アメリカ陸軍特殊部隊のハンドブックでは、「リーダーシップの原則」の最初に、「リーダーは情報を共有すべし」と書かれています。そこには、「部下に情報を提供し続ければ、自分の意図する

範囲の中で意思決定や計画の実行が行われ、主体性を引き出し、チームワークが良くなり、士気も高まる」とあります。

マネジャーはリーダーとして、組織とチームをつなぐ役割を担います。情報を持つことが権力になる場合、**情報がオープンに流れるようにすれば権力が共有されます。それにより、各自の仕事がいかに組織のゴール達成に役立っているのか、各自のやっていることがなぜ重要なのかを、誰もが理解できるようになるのです。**

コミュニケーションは事実に基づくだけでなく、元気づけるようなものでなくてはなりません。たとえ組織の方向性に納得していない場合や、それがチームにとって困難でハードルが高いと承知している場合でも、結果を出すために自分たちが頑張っていることをチームに理解させる必要があります。マネジャーが成果を出そうと力を入れない限り、グループが前進することは決してありません。

部下のコミットメントを評価する調査で、常に挙げられるのが、「物事との関わりを持つ」ことです。部下たちは何が起きているかを知りたいと思っています。噂になっているなら、そのことについて話しましょう。新規事業の方向性が出されたなら、それを共有します。**情報共有することが、あなたと組織が、彼らを重視しているというサイン**になるのです。

コミットメントを強く促すために、情報共有する際のポイントを挙げましょう。

- 正直になる。率直さは重要で、信頼に欠かせない。
- 部下を大人として扱う。大人は、組織で起こっていることを知りたいと思っている。それは、彼らにとって、彼らの生活にとって、非常に重要なことである。
- 自分の感情を表に出すことを恐れない。人々は、胸襟を開く姿勢を歓迎する。

- 良いときには、喜びを共有する。悪いときには、素直になって意見を求める。
- 自分がすべての解を持たなくてもよい。知らないならそう言って、事実を見つけ出せばよい。
- チームが提案してくるアイデアを受け入れる。その仕事を達成する方法を最もよく知っているのは、その仕事に最も近い人々である。

強みを発揮する

　SPARKのP、強みの発揮では、自分の強みだけでなく、チームメンバーの強みも考慮しなくてはなりません。部下が得意とすることを知り、それを活かすようにします。時には他の人々のやったことを批評して、さらに成果を引き出す必要もありますが、マネジャーの仕事はその人を違う人格に変えることではありません。

　コミットメントを強く促すために、SPARKのPを使うポイントを挙げてみます。

- 強みを確認する最も良い方法は、人間同士としてのつながりを持つことだ。それは、部下と「親友」になるという意味ではない。仕事以外ではどのような人なのかと、部下に対して関心を示す（そして共有する）という意味である。
- マネジャーの中には、親しみのこもった、さりげない会話を得意とする人もいれば、そういうのが苦手な人もいる。自分にとって不自然であれば、誤魔化してはいけない。偽るのはもっとよくない。すぐに見抜かれてしまう。
- 共感力を身につける。他の人の立場で考えてみる。同じような状況に置かれたらどう感じるだろうか。自分ではなく、その人のことに意識を集中する。
- 他の人々を評価して認めることで、その人々の強みに注意を向ける。これは、彼らが自信を持ち、成功を収めるうえで重要である。

- 強みに目を向けることと「甘くなる」ことは違う。部下に高いレベルを維持させ、厳しい意思決定を下しつつ、「上司」でいることは可能である。

意見を求めてアイデアを歓迎する

　SPARKのAは、意見を求めることと、異なるアイデアを歓迎することの2つです。どのような質問であれ、回答には真摯に耳を傾けましょう。意見を求めた後でそれを正しく評価すれば、あなたがみんなの考えを気にかけていることが伝わります。

　部下とコミュニケーションをとるときは、いつもこちらから質問しないといけないのかといえば、もちろんそんなことはありません。しかし、コーチング、論点の判断、問題解決、手続きの変更などの場合、最初に意見を求めるやり方は大いに役立ちます。その原則はシンプルで、「部下を大人として扱う」ことです。

　コミットメントを強く促すために、SPARKのAを使うときのポイントを挙げます。

- 恐怖を感じたり、自分にとってコントロール不能な状況が続くと、誰でも意欲を失う。意見を聞くことは、状況をコントロールしているという実感を人々にもたらす。
- どのようにその仕事を進めるべきかを熟知しているのは、その仕事に最も近い人々だ。彼らに貢献してもらえば、みんなの仕事がやりやすくなる。
- コーチングでは、最初に質問を投げかけると、双方向の対話が生まれ、部下を業績向上に励むように促すことができる。
- 口先だけで聞いたり、誘導したりするのは質問ではない。すでに答えを知っていて、自分が言うべきことがわかっているなら、無意味な質問で部下の知性を愚弄してはいけない。

ニーズを承認して対応する

　SPARKのRは、個人のニーズを認識し、それに応えていくことですが、そのためにはもう1つのRとして尊敬（respect）も示さなくてはなりません。

　誰もが忙しく、常に新しい危機や解決すべき問題を抱えています。その中で何もかもやり遂げなくてはならないというピンチになったときに、最も二の次になりやすいのが承認や報酬です。これは危険なことであり、失礼にも当たります。

　部下のコミットメントに影響する要因として、承認が重要なことは、さまざまな調査で明らかになっています。承認と報酬はむやみに大きくする必要はありませんが、従業員が尊重するものでなくてはなりません。これは、チームの各メンバーにとって何が重要かを理解しなくてはならない、ということです。

『危機から学ぶビジネスレッスン』（日本語版未訳、原題 Business Lessons from the Edge）の著者で、建設会社の元COOのジム・マコーミックはこんな助言をしています。

「何が適切な報酬や祝福となるかで、頭を悩ましている経営幹部は多いが、金銭でなくてもよいし、家族とのハワイ旅行でなくてもよい。『特に頑張ってくれて、ありがとう』とすぐに伝えられるように、私はよく机の中に、近所のアイスクリームショップやクッキーショップのギフト券を用意しておいた。そうやって感謝の気持ちをすぐに伝えれば、人々は嬉しく思い、焼きたてのクッキーを求めて店までひと走りする」

　重要だと認めたり報いたりする責任は、マネジャーにあります。マネジャーが自分のために時間をとってくれることを、部下は評価します。それも1つの承認のかたちだからです。

　大切なのは、定期的に具体的な行動を褒めたり承認したりすることです。ただ「よくやった。その調子で続けて」と言われても、誰も喜んだりしません。

コミットメントを強く促すために、SPARKモデルのRを使うときのポイントを挙げます。

- 承認するときは必ず心を込めて、部下が重視することに合わせるようにする。
- 称賛の意を伝える場合は、部下のしていることに十分に注意を向けてから、その仕事を評価する。
- チームが成功していれば、チームを褒める。学習を認めて、イノベーションやリスクをとることを重視していると伝えるためには、頑張った結果の失敗について褒めることも1つのやり方である。
- 世代間の違いの影響を理解する。

　最後の点については、第3章でも述べた4世代の区分が参考になるでしょう。

▶シニア世代
　この世代の大半の人は職場を去っていき、残った人々は通常、上位の名誉職にある。世界大恐慌と第二次世界大戦を潜り抜けてきたこの世代は、家族、宗教、国家という伝統的な価値観を強く信奉している。より良いことのために犠牲になるのは、正しいことだとみなされる。口数は少なく、胸の内に感情をとどめて仕事で代弁する。

▶ベビーブーム世代
　1946〜64年生まれのこの世代は、第二次世界大戦後の経済成長期に育ち、60年代の文化の移り変わりに関与してきた。この世代の価値観は、楽観主義、チームワーク、ハードワーク（仕事中毒）、野心、競争、成功、変化、大義の支持、個人の成長、権威や体制に対する疑問といったキーワードで説明できる。多くは退職年齢に達したが、職場にもまだ大勢いる。包み隠さず意見を述べる傾向がある。

▶X世代

おおよそ1964～82年生まれで、コンピュータ時代が到来し、両親が企業規模の縮小やグローバル化を経験する中で育ってきた。この世代は今、リーダーシップをとる地位に就き始めている。一般的な特徴は、起業家精神、自己責任、独立心、創造力、多様性、技術リテラシー、快楽志向、格式張らない、独立独歩、実用主義、ワークライフバランス志向などである。

オープンでざっくばらんなコミュニケーションを好み、電子メールと携帯電話を自在に使いこなし、社交や情報共有を気軽に行う傾向がある。

▶ミレニアム世代

1980～2000年生まれの最先端を行く世代で、社会人になったばかりである。Y世代、ネクスター、インターネット世代などとも呼ばれ、インターネット、電子メール、ショートメッセージ、コンピュータゲーム、その他のデジタル機器やサービスを便利に使いこなす。楽な金儲け、市民としての責任、自尊心の尊重とともに、積極的（かつ即時的）な強化育成、自治、積極的な態度、多様性を望んでいる。

マルチタスクに長け、技術の利用に熱心な彼らは、ITによる即時性に富んだオープンなコミュニケーションを求める。ただ、対人関係のスキルは一般的に乏しいため、継続的なフィードバック（ギブアンドテイク）が必要な点に注意を要する。

約束を守る

SPARKのKは、約束を守ることです。約束を破れば、即座に信用を失います。意見を求められると、部下は何らかのかたちで自分の意見が取り入れられるものと期待します。フォローアップをすると約束したときには、必ず実行してから、部下に改めて連絡しましょう。

ここでいう約束とは、単にマネジャーが引き受ける責任のことだけではありません。組織もまた従業員に約束をしています。これは「条件つ

き約束」であり、従業員がY（自発的努力、目標、ノルマ、時間など）を提供する見返りに、組織が従業員にX（給料、利益、機会、その他）を届けるという暗黙の約束です。

　組織が何らかのかたちでその取引に応じられないとすれば、従業員は自分がした約束を守る理由が見出せなくなります。

　コミットメントを強く促すために、SPARKモデルのKを使うときのポイントを挙げます。

- 従業員のアイデアや提案をフォローアップする。
- 組織と従業員の間の条件つき約束が守られそうにない場合は、バランスを取り戻すために直ちに手を打つ。
- マネジャーは組織の顔である。あなたが自分の約束を果たせば、組織も約束を果たすというメッセージを、部下に送ることになる。
- あなたはすでに模範を示して、人々を引っ張っている。それが良い模範であることを確認する。

3 | リーダーとしての成功を測定する

　成功は、性格、スキル、判断、具体的なゴールに向けた行動の副産物です。前節では、リーダーにふさわしい振る舞いをSPARKで整理しましたが、リーダーシップは単に、「物事を正しく行う」だけにとどまりません。リーダーシップとは、「共にゴールに向かっていく部下に対するマネジメントのプロセス」でもあるのです（図表6-2）。

　リーダーの成功は、プロジェクトやチームの成功に直結します。それは、脅威や課題に直面しながら自信や確信を生み出し、必ずしも乗り気ではない人々に行動を促し、チームメンバーに使うべき自分の専門知識を思い出させ、楽観的な見通しや自発性を持たせた結果です。

　リーダーの成功は、図表6-3の10の指標で測ることができます。

図表6-2　リーダーシップのプロセス

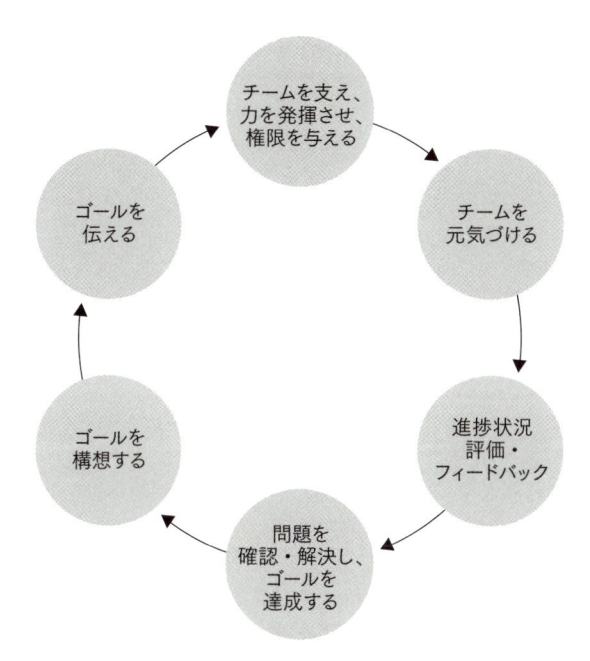

（プロセス図：ゴールを伝える → チームを支え、力を発揮させ、権限を与える → チームを元気づける → 進捗状況評価・フィードバック → 問題を確認・解決し、ゴールを達成する → ゴールを構想する → ゴールを伝える）

図表6-3　リーダーの成功を測る10の指標

❶ **仕事の達成**：その仕事は基準に達しているか。
❷ **品質向上**：その仕事の品質は向上しているか。
❸ **チームワークの向上**：チームはより強くなっているか。
❹ **士気の向上**：チームは誇りを持ち、成長しているか。
❺ **権限委譲の増加**：より多くの仕事を任せているか。
❻ **エンパワーメント**：引き受ける準備ができている人と、権限を共有しているか。
❼ **システムの安定化**：すべての主要なプロセスや機能のために、仕組みや所定の方法が整備されているか。
❽ **戦略的な計画と準備**：長期的に計画と準備をしているか。
❾ **継続学習**：チームは新しいことを学んでいるか。
❿ **承認と報酬**：人々の貢献が認められて、報われているか。

4 | 個人のリーダーシップスタイルを活かす

　リーダーシップのスタイルによって、成功のかたちは少し違ったものになります。リーダーシップスタイルは、他の人々との付き合い方や自己認識によって定義されます。

　あなたが重視しているのは何でしょうか。引っ張っていく人たちでしょうか、それとも、目の前の仕事でしょうか。人材と製品のどちらが自分にとって最も重要でしょうか。速やかに大きな意思決定を下さなくてはならない場合、最初に目が行くのは内部でしょうか、それとも、専門知識や助言が得られる外部情報源でしょうか。

　この種の優先順位は（おそらく無意識のうちに判断していますが）、リーダーシップスタイルの形成に一役買っています。自分のリーダーシップスタイルを理解すれば、それを他者のニーズに合わせるのが上手になります。

　たとえば、細かな指示を出す必要のある人もいれば、所与のゴールに1人で取り組みたい人もいます。ある事業環境下では、特定のリーダーシップスタイルが求められるケースもあるかもしれません。いずれにせよ、自分のスタイルを他の人々のニーズにうまく合わせれば、より大きな結果が得られます。

　マランテック・アメリカの元CEOのニール・ギアラタナは、著書『CEOの優先事項』（日本語版未訳、原題 *CEO Priorities*）の中で、リーダーが相手に合わせてリーダーシップスタイルを変更すれば、組織における自分の価値をどれだけ高められるかを示す例を、いくつも挙げています。

　これは、行動に一貫性がないということではありません。単なる「部下」ではなく、特定の人々とコミュニケーションをとり、やる気を引き出すことに純粋に関心を持っている、ということです。

　ギアラタナは、人々は「企業の精神であり、唯一の力でもある」とし

て、それぞれニーズも反応も異なっている点を強調しています。異なる人々を同じ方向に動かし続けるには、自分のリーダーシップスタイルを変更する方法を知ることがポイントとなるのです。

MBTIで自己洞察を深める

自分にとって自然なリーダーシップスタイルを判断するための自己評価ツールは豊富にあり、さまざまな本で紹介されています。

ここで取り上げるのは、非常にシンプルなマイヤーズ・ブリッグス・タイプ指標＊（MBTI）を使ったものです。AMACOMが出版している『企業秘密』（日本語版未訳、原題 Business Confidential）の中で、元CIAのケースオフィサーでMBTI資格保持者のピーター・アーネストが、マイヤーズ・ブリッグスによるリーダーシップスタイルの4つの特性を紹介しています。

人それぞれ、優勢なタイプがあるので、リーダーシップスタイルも異なります。MBTIのテストを受けて、自分の特性を示す4つのアルファベットを知れば、自分のリーダーシップスタイルを評価するための参考となるでしょう。あるいは、ウェブサイトで利用できる他の診断テストでも、非常に有用な洞察が得られるかもしれません。

▶I―E　内向的／外向的（Introvert／Extrovert）

基本的な違いは、エネルギーの方向性が内か外かという点である。外向的なタイプは社会的交流によって元気が出るが、内向的なタイプは自分の頭の中で考えることで力が湧いてくる。

▶N―S　直観的／理性的（Intuitive／Sensing）

主な違いはデータの集め方にある。「第六勘」に頼るか、五感を使って観察した細部や詳細に注意を向けるかの違いである。

▶T―F　思考的／感覚的（Thinking／Feeling）

感情を表に出すか出さないかということよりも、意思決定方法の違いに関係してくる。問題を白か黒かで考える感覚的なタイプと比べて、思考的なタイプは分析的なアプローチをとる。

図表6-4　MBTIによるリーダーシップの16類型

ISTJ やるべきことを行う	ISFJ 義務感が強い	INFJ 他の人々を元気づける	INTJ 何事も改善の余地があると考える
ISTP 何もかもを一度にやろうとする	ISFP 情報を抱え込む	INFP 人道的な傾向がある	INTP 問題解決を楽しむ
ESTP 現実的な意識が高い	ESFP 今を楽しもうと思って人生を送っている	ENFP 充実した人生を願う	ENTP 次々にチャレンジに応じる
ESTJ 管理業務に秀でている	ESFJ ホスピタリティに秀でている	ENFJ 説得の技術に秀でている	ENTJ 生まれつきリーダーシップに秀でている

▶J―P　判断的／知覚的（Judging／Perceiving）

自分の生活をコントロールするかどうかの違いである。ここでは、「判断的」なのは悪い意味ではない。判断的なタイプは、状況に対して適切な方法と間違った方法があると考える傾向がある。「適切」とは、整理され、構造化され、整然としていることを指す。知覚的なタイプは寛容なアプローチで、可能性を受け入れる。

図表6-4の四隅がリーダーシップタイプとなります。各タイプの説明を読めばわかるように生まれつきのリーダーは1つだけで、他の3つは、異なるリーダーシップスタイルがあることを示唆しています。

生まれつきのリーダーではない人が最終的に組織内でリーダーとなる場合、その人のリーダーシップスタイルには、最も近いタイプの内容が反映されている可能性があります。この16のタイプは、実際の違いを明確に表したものというよりは、大まかにグループ分けしたものだからです。

どの組織にも公式なリーダーや非公式なリーダーがいるように、部下の中にも非常に大きなリーダーシップの能力を持っている人が何人かいるかもしれません。マネジャーは彼らの可能性を活用し、自分のスタイルの不足を補完して、共通のゴールに向けてチームを動かしていきます。

　四隅のISTJ、INTJ、ESTJ、ENTJをもっと細かく見ていくことにします。環境によって変数に違いが出たり（家庭内と職場ではまったく異なるタイプになる人がいます）、例外もあることを念頭に置きつつ、自分はどれに近いか考えてみてください。

❶ 私はプライベートを好み、善悪の意識が強い。事実を注意深く観察し、事実を中心に意思決定を行う。
❷ 私はプライベートを好み、善悪の意識が強い。直観を大切にし、多くの場合、直観が健全な意思決定へと導いてくれると信じている。
❸ 私は社交的で、善悪の意識が強い。事実を注意深く観察し、事実を中心に意思決定をまとめていく。
❹ 私は社交的で、善悪の意識が強い。直観を大切にし、多くの場合、直観が健全な意思決定へと導いてくれると信じている。

　以上は、四隅のタイプを単純化したものですが、自分のリーダーシップスタイルを振り返るのに役立つはずです。
　共通する特徴の1つが、「判断的」であることです。リーダーはビジョンを持ち、他の人々を元気づけながらビジョンに向かって導いていくので、状況の展開に応じた善悪の感覚のあることが中心的なリーダーシップの特性となります。
　リーダーは可能性や選択肢に関する意見に耳を傾けて尊重しますが、それによってビジョンやその達成に向けた基本戦略が変わるわけではありません。
　同僚や部下と、何を、どう議論するかがわかれば、リーダーの実体が把握できます。次の項目を参考にしてください。

▶ビジョン

　リーダーは将来のビジョンを語る。その組織がどうあるべきか、その実現に向けてどのように取り組むかについて、明快に、簡潔に、鮮明に、心動かされるようなイメージを描き出す。長期的に組織がどの部分で突出した存在になるかを議論する。

▶ミッション

　リーダーは組織のミッション、基本的なゴール、存在理由についても話す。組織が日々何をすべきか、各人の仕事がミッションの達成をどう支えているかを人々に説明する。

▶価値観

　リーダーは自分の個人的な価値観と組織の価値観について話す。自分が支持していること、信じていること、大切に思っていることを述べる。また、自分たちの行動基盤となる中心原則について話し合う。そして、フォロワーを巻き込み、価値観を共有する。

▶ゴール

　リーダーはSMARTでゴールについて話す。つまり、具体的で、測定可能で、達成可能で、意味のある、期限が明確にされた目標である。組織、部門、チーム、個人の各レベルにおけるゴールも明らかにする。

▶成果

　リーダーは現状の成果について話す。うまくいっていること、改善が必要なことを話し合う。良い成果を維持するためには激励を、標準以下の成果を向上させるためには改善を促すフィードバックを伝える。

▶課題と脅威

　リーダーは組織が直面する課題と脅威について話す。問題、障害、間違いについて事実に基づいて話すが、同時に成長と改善も促す。

▶変化

　リーダーは変化について話す。何を変えなくてはならないか、なぜ変えなくてはならないのか、どのように物事が変わり、誰が影響を受けるかを話し合う。

リーダーシップイメージを高める

　人々がリーダーのスタイルをどう受け止めているかを表すのが、リーダーシップイメージです。未知のことや危機に直面するとき、リーダーとしてのイメージが厳しく試されることなります。

　リーダーだからといって、スーパーヒーローになる必要はありません。まずは、信用に値する態度や話し方を心がけましょう。つまり、自信があり、有能で、思いやりがあると思われなければなりません。時間をかけて、**自分に自信があり、自分が望んでいることを理解し、他の人々を気にかけていることを行動で示して、信頼を勝ち取るのです。**

　自信に満ちたリーダーのボディーランゲージを整理してみましょう。

- 立っているときも座っているときも姿勢がよい。前かがみにならない。
- ゴールに向かって動く。よく考えて慎重に踏み出す。
- 元気に、方向性や注力する事柄を意識して動く。
- 人々とアイコンタクトをとるが、じろじろ見られていると相手が感じない程度にする。
- リラックスして自然に微笑む。愛想笑いは口元だけだが、本物の微笑みは目にも連動して表れる。
- 重要な考えを説明するときには、自然なジェスチャーを使う。腕で身体を遮らないようにする。ポイントを理解してもらおうと、指で指したり、腕を振り上げたりすることは避ける。こうした行動は一般的に、攻撃的なジェスチャーとして受け取られる。
- 相手のパーソナルスペース（これ以上は近づいてほしくないという物理的な空間）を侵さないようにする。文化、性別、経験によって、パーソナルスペースの広さは異なる。近づきすぎると、リーダーではなく侵略者だとみなされる。

　話すときのくせや言葉の選び方もボディーランゲージの一部なので、リーダーシップイメージを磨く際には、次のことに留意しましょう。

- はっきりと話し、自分の考えを打ち出し、重要なポイントはさらに熱意を込める。
- 肯定的な言葉を使う。否定的な言い方は避ける。
- 会話が途切れるのを避けようとして、意味のないことを言わない。沈黙は、相手に意見を述べるように促す。
- 自分の考えの価値を疑ったり、おとしめたりする文言は避ける（「たぶん」「私にはわかりませんが」「間違っているかもしれませんが」など）。

　信頼感を示すボディーランゲージを補強するような話し方を心がけましょう。信頼できて頼りになるだけでなく、明快さや正確さも重要です。

- 生き生きした描写をする。
- 核心を突く。
- それぞれの成功につながる、具体的な行動のステップについて話す。
- 相手がわからない曖昧な用語や専門用語は避ける。
- 相手を萎縮させないように注意しながら、そのテーマに精通していることを示す。
- 数字、統計、例、図を使う。経験談を交える。
- 「あなたたち」や「私たち」といったチームを表す言葉を使い、「私」はという一人称をできるだけ控える。
- 他の人のニーズや願望に関心を示す。みんなを褒める。
- 良いアイデアに賛意を示す。みんなの努力を褒める。
- ニュースは穏やかに、反対意見は感じよく伝える。

　あなたは無意識のうちに、こうしたポイントは押さえられているかもしれません。それでも、自分のスタイルを知れば、はつらつとしたリーダーシップスタイルへと強化していくために、足りない部分を確認することができます。**図表6-5**を使って、自己評価してみましょう。

図表6-5 リーダーシップスタイル

自分のリーダーシップスタイルはどうか。次の項目について、5段階で評価してみる。
　1＝まったく当てはまらない
　2＝ほとんど当てはまらない
　3＝たまに当てはまる
　4＝ほぼ当てはまる
　5＝完全に当てはまる。

☐ **外見**　自信に満ちた有能なリーダーのように見えるか。次の点はどうか。
　・姿勢が良い
　・ジェスチャーや動きがスムーズである
　・清楚でふさわしい服装である
　・身だしなみが良い

☐ **アイコンタクト**　あなたは他の人と(凝視ではなく)しっかりとアイコンタクトをとっているか。

☐ **笑顔**　周囲の人々にさりげなく自然な笑顔を見せているか。

☐ **自信を持った言い方**　明快に堂々と述べているか。

☐ **親しみやすさ**　親しみやすく受け入れやすい態度で、人々に対応しているか。

☐ **精度の高さ**　的確だが、リラックスして話しているか。

☐ **熱意**　前向きで熱心だが、高圧的ではないか。

☐ **注意深く聞く**　他の人の話を注意深く聞いているか。

☐ **賢さ**　最新の概念や技術を取り入れているか。

☐ **虚栄心はないか**　専門知識などをひけらかしていないか。

☐ **心からの関心**　他の人々のことを心から気にかけていることを示しているか。

☐ **誠実さ**　誠実さや正直さを高いレベルで示しているか。

☐ **客観性**　厳しい状況のときに、公正、公平、客観的か。

☐ **礼儀と尊敬**　他の人に尊敬を表しているか。

☐ **噂話の回避**　噂話やあてこすりを控えているか。

☐ **守秘性**　他の人が打ち明けた秘密を守っているか。

5 | 権力と影響力を持つ

　権力と影響力は、物事を先に進め、やり遂げるように働きかける力であり、リーダーには欠かせないツールです。
　第1に、リーダーは、他の人々を行動しようという気持ちにさせるために、自分の権力を使わなくてはなりません。物事をやり遂げるために必要なエネルギー量は、人によって異なります。ほんの一言、二言かければよい人もいれば、もっと多くを求める人もいます。どちらの場合も、リーダーが権力を使うときは、相手の状況に合わせなくてはなりません。
　第2に、権力を直接的に行使できない、または、それがふさわしくない場合には、リーダーは影響力を用いなくてはなりません。同僚やパートナーに対応するときは、これが特に重要になります。

　権力や影響力を身につける前に、権力や影響力に対する現状の人間関係について、説得力のある洞察で武装しておく必要があります。そこで、次の3つの自己評価をしてみましょう。
　自己評価①（**図表6-6**）は、権力と影響力に関する自分の潜在力についてです。社内での地位や肩書はそれだけで多くの力になるため、該当する人は高得点になるかもしれませんが、それだけに頼って部下に働きかければよいと考えてはいけません。
　合計スコアが高いほど、潜在的な権力も大きくなります。ただし、これは単純に潜在力を評価したにすぎません。本当に強くなるためには、自分の権力や影響力を使って、人々に物事をやり遂げさせなくてはなりません。使わなければ、そうした力はなくなります。
　自己評価②（**図表6-7**）は、自分の権力や影響力のプロファイルを判断するのに役立ちます。権力は地位、実績、人間関係、リソースなどから生じています。ただし、もっと重要なのは、自分が望むことに向かって達成しようとする意欲なのです。合計スコアが70を上回った人は、物

事を自分の思い通りに進めるために、権力や影響力を戦略的に使うことに非常に長けていると言えるでしょう。

また、自己評価③（図表6-8）では、グループを率いるための行動を評価します。

影響力を行使するための方法

次に、影響力のメカニズムについて考えていきます。部下ではない人や、正式な組織構造の中では管理する立場にない人々に、自分のために何かしてほしいという場合は、権力ではなく、影響力を行使する必要があります。そのための考え方を紹介しましょう。

▶**自分の考えを示す前に、自分のゴール、経済的価値、戦略を確立する**

ゴール（自分が実際に達成したいこと）を決めて、他の人に知ってほしい、認めてほしい、感じてほしい、行ってほしいと思うことをはっきりさせる。さらに、自分の経済的価値（他の人が望むことと引き換えに自分ができること）を特定する。

情報、善意、尊敬、支援、理解などのシンプルな無形の報酬とともに、人材、資金、必需品、器材、施設などのリソースを提供できるかもしれない。また、自分に合った戦略を理解する。自分が好きなのは、ハードなスタンスか、ソフトなスタンスか、オープンなアプローチか、クローズなアプローチかを考えてみる。

▶**影響を与えたい相手と話すときは、最初にできるだけ多くの情報を探る**

自分が議論したいことに、すぐに入らないようにする。ゆっくりと落ち着いて、人々が必要としていること、望んでいること、期待することを判断するために、探索型クエスチョンを用いる。彼らの答えに注意深く耳を傾け、自分が依頼、推奨、提案したことに対して、彼らが理解しているか、受け入れる準備ができているか、喜んで従うか、その能力があるかを見極める。そして、関係構築に欠かせない共通の基盤を探し、

図表6-6 | 自己評価① 権力の源泉

次に挙げる要素は、自分の権力や影響力にどのくらい関係しているか。3段階で評価してみよう。

　1＝自分の権力や影響力にほとんど関係ない
　2＝自分の権力や影響力に少し関係する
　3＝自分の権力や影響力に大いに関係する

- [ ] **地位**：地位、オフィス、肩書という正式な権威
- [ ] **委譲された権限**：任されている特定の権限
- [ ] **公式な報酬**：目に見える報酬（金銭、報償など）
- [ ] **非公式な報酬**：目に見えない報酬（称賛、注目、信頼など）
- [ ] **公式な懲罰**：解雇、降格など
- [ ] **非公式な懲罰**：名誉、休暇など、拒否できること
- [ ] **リソース**：共有や拒否が可能なリソース（金銭、人々、データなど）
- [ ] **非常時の行動**：困難な場面、危機、リスクにどう対応するか
- [ ] **評判**：物事をやり遂げるかどうか
- [ ] **専門性**：知識ベース、スキル、能力
- [ ] **政治手腕**：政治的な状況への敏感さや対応スキル
- [ ] **経験**
- [ ] **年功**：組織内や特定分野での在職期間
- [ ] **性格**：存在感、自信、イメージ、感じの良さ
- [ ] **話すスキル**：伝達し説得する能力
- [ ] **決断力**：厳しい判断を下す能力
- [ ] **意志力**：粘り強さ、スタミナ、精神面の強さ
- [ ] **有力者の活用**：有力者とのコネクション
- [ ] **ネットワーク**：味方や支持者
- [ ] **人柄**：誠実さ、率直さ、倫理感、道徳的な評判

図表6-7 | 自己評価② 権力のプロファイル

部下ではない人々に対して、どのくらいの頻度で、次に挙げるような振る舞いをしているか。5段階で評価してみよう。

 1＝まったく示していない
 2＝ほとんど示していない
 3＝たまに示している
 4＝しばしば示している
 5＝常に示している

- [ ] 自分の見解について強力で説得力ある論を展開する
- [ ] 物事を実現するために、率先して意思決定者と渡り合う
- [ ] 人々を納得させるために、データ、事実、統計、その他の証拠を使う
- [ ] 影響力のある味方、後援者、支持者を集める
- [ ] 影響を及ぼす対象者のニーズ、関心、願望にアピールする
- [ ] 影響を及ぼすために、自分の魅力、性格、人柄を用いる
- [ ] 自分の思い通りにするための粘り強さがある
- [ ] 障害となるものに対処する
- [ ] 人脈を使って、内部情報、リソース、支援を得る
- [ ] 自分より頭の良い人も含めて、周囲に優秀な人間を置いている
- [ ] 中立の立場をとる人々を見つけて、味方につける
- [ ] 注目を集めるために、誇張したり、感情に訴えたり、注意を引く状況をつくり出す
- [ ] 専門性ではなく、個人的、社会的な側面に基づいて人々に対応する
- [ ] 対立する意見には、ことごとく反証する
- [ ] 自分に役立つものには、保証や約束を与える
- [ ] 欲しいものを得るために、取引、好意、報酬を用いる
- [ ] 欲しいものを得るために、圧力、警告、脅しを用いる
- [ ] 成功したことを、人々に知らしめる
- [ ] 勝った側につき、負ける側に回ることを避ける

図表6-8 | 自己評価③　グループ・リーダーシップの資質

次の項目について1〜3で評価してみよう。
　1＝まったく自分らしくない
　2＝多少は自分らしい
　3＝まさに自分らしい

☐ **自分の権力や影響力と、その源泉をはっきりと認識している**
　自身で無力で影響力が欠けていると感じるなら、あなたは実際にその通りなのだろう。こうしたものを使わなければ、あなたは無力である。逆に人々があなたのことを権力や影響力があると思っているなら、それは事実である。

☐ **結果を出すために権力や影響力を利用する**
　権力や影響力は受動的なものではない。能動的なもので、行使しなくてはならない。権力や影響力は固定されたものではなく、増やすことができるが、失うこともある。

☐ **倫理的なやり方で権力や影響力を用いる**
　権力自体には良し悪しはない。良いか悪いか、正しいか誤っているか、倫理的か非倫理的かは、権力の使い方次第である。19世紀の歴史家のアクトン卿が手紙でこう述べている。「権力は腐敗する傾向があるが、絶対的権力は間違いなく腐敗する」

☐ **ふさわしいやり方で権力や影響力を用いる**
　自分のスタイル、対応する人々、その状況、組織のゴールや規範にふさわしい方法で、権力や影響力を行使する。

☐ **さまざまな権力や影響力の源泉を利用する**
　結果を出すために使う源泉は多ければ多いほど良い。複数の源泉を使って結果を出して、成功すれば、みんながあなたに従いたくなるだろう。

☐ **他の人に権限を持たせる**
　賢明な権限委譲をすればするほど、権力はますます大きくなる。権力を共有すれば、権力が手に入る。

☐ **権力や影響力の限界を認識している**
　権力の行使は、他の人々、主に部下の意思や気まぐれに左右される。たとえ自分の意図を話して指示を出したとしても、部下は往々にして批評的な態度をとる。自分がコントロールしているというのは願望にすぎない。

☐ **権力や影響力を使うときの落とし穴を認識している**
　落とし穴とは、必要以上に権力を使うこと、わずかな見返りのために権力を浪費すること、間違った理由で権力を用いること、権力や影響力を利用しないがために失ってしまうこと、などである。

共有している経験について話し合っていく。

▶**相手に話をさせた後で、初めて依頼したいことを説得力をもって伝える**

自分の依頼、推奨、提案に、どのような独特の強みやメリットがあるか、それがどのように彼らに役立つかを説明する。否定的ではなく肯定的な連想や比較を用いたり、事実、統計、証拠、具体例を織り交ぜたりしながら、自分の主張を証明していく。人々の理性や良識、あるいは、感情や好奇心に訴える。

▶**話をした後で、こちらが望むことにコミットメントしてもらう**

はっきりとした物言いでありながら、高圧的な態度は避けて、受け入れてほしいこと、信じてほしいこと、行ってほしいこと、感じてほしいことを説明する。承認する、受け入れる、信じる、あるいは、行動を起こすように、相手に直接頼んでみる。相手の決定の価値や前向きな結果を、コストと関連づける。

あなたのアイデアや依頼と成功を関連づけてイメージできるようにします。物語、具体例、比較をたくさん使えば使うほど、人々はあなたの提案に乗ってきます。

Case

アメリカの大手玩具メーカーの主要な欧州子会社のCEOは、大きな問題を抱えていた。ゲームとパズルを販売していたが、評判を呼ぶような新製品がなく、長い間、赤字続きだったのだ。

ある人物がCEOに、カラフルな頭で楽しそうな顔つきをした、愉快なプラスチック人形を提案してきた。CEOはひと目で気に入って生産を主張したが、販売担当ディレクターをはじめとするシニアディレクター陣は、笑って取り合わなかった。散々な結果に終わるだろうという意見が多数を占める中、CEOはその製品の発売を決めた。

その後、CEOはストーリーテリング戦略を考え出した。それは、

新製品を効果的に売り出し、組織がそのプロジェクトに対して期待感を持つのに役立った。彼はクリエイティブチームを巻き込んで、その不細工な人形の背景となるストーリーをつくり出した。それは次のようなものだった。

——人形たちは森に住み、1日中、歌い踊って暮らしている。それぞれの人形には、愉快な名前がついている。人形たちは人生をこよなく愛し、幸せな女の子がお友達になってくれさえすれば、ほかには何もいらないと思っている。——

すると、まさにそうした幸せな少女の多くが、同製品のプロトタイプに夢中になった。そして、先を競うように、色も見た目も奇妙な人形を抱きしめた。今では、シニアスタッフたちもCEOが正しいことを確信していたが、仮に懐疑的な従業員をやる気にさせる必要があるときは、子供たちがどれほどその人形が大好きかを、ただ話せば足りるようになった。売上高はすぐに数百万ドルに達した。

6 | 賢明な社内政治

「政治」は、リーダーシップとどう関係するのでしょうか。何事も正面から対処し、組織内の政治が絡む、不愉快で厄介なことは避けたほうがよいと考えるかもしれません。しかしリーダーは、結果を出してフォロワーの利害を守るために、組織内の政治を効果的に関与せざるを得ないことがままあります。

マイケル・ドブソンとデボラ・ドブソンは、共著書『賢明な社内政治』（日本語版未訳、原題 Enlightened Office Politics）の冒頭にこう記しています。

「3人以上の組織になると、社内政治は避けられない。影響を与える側か与えられる側か、知っている側か推測する側か、支配する側かされる側かという選択に、自ら直面することになる」

過去50年にわたって、ほとんどの組織はトップダウンのマネジメン

トから、権限委譲へとシフトしてきました。上司は、仕事の負荷をコントロールする権限や、さほど権限のない人にも扱いやすいマイクロマネジメント（細かな点まで管理するやり方）を手放してきました。その結果、新しいリーダーは、以前にも増して権力を持つようになりました。そして、以前にも増してリーダーシップが求められています。

こうした変化は、職場で使われる言葉にも表れています。多くの組織で「マネジャー」という役職名は不評を買い、チームリーダーやプロジェクトコーディネーターなどの新しい名称が使われるようになりました。

今や、すべてのレベルに権限と責任が委譲されています。こうなると、**社内政治はもはや上司にゴマをするというよりも、支持者を得るための課題と言えます。成功するためには、組織内の政治の舞台で権力を行使する必要があるのです。**

政治は良くも悪くもなり得るものです。どう社内政治に関わるかはあなた次第ですが、関与せざるを得ない正当な理由はたくさんあります。リーダーはゴールや目標を達成するだけではなく、個人的な利害とは関係ないことも含めて、果たすべき責任を負います。たとえば、以下のようなものです。

- 組織のミッションを達成する（組織のミッションと目標を達成するために、自分のリソースや人的資源を管理する）。
- 必要なリソースを獲得する（自分のチームが目標を達成するために必要なリソースを、確実に得られるようにする）。
- 自分の支持基盤となる人々を保護する（個人的にできる限り手を尽くし、自分のグループを成功させ、失敗を防ぐ）。
- 自分の支持基盤となる人々に報いる（人々の努力が正当に報いられるようにする）。
- 善意と尊敬を保証する（自分のグループの業績を知らしめ、部下がふさわしい承認や恩恵を得られるようにする）。

ミッションを実現するために政治に関与せざるを得ないとすれば、次の問いは「その過程でどう生き残るか」です。リーダーは自分の縄張り、チームの正当なニーズ、利益、リソース、自分たちの組織や地位を守るために、準備しなくてはなりません。

図表6-9　社内政治の「べからず」リスト

▶誤った政治戦術
- 偽りの約束をする、または約束を果たさない。
- 自分がやっていないことを、自分の手柄にする。
- 他の人々のアイデア、努力、成果を信用しない。
- 他の人々の努力に対して、罠や障壁を設ける。
- 他の人々の正当なニーズや依頼を拒む。
- 引き延ばし戦術で、他の人々の時間や努力を無駄にする。
- 苦況に陥ったときに、他の人々を渦中に置き去りにしたり、苦労をかけたりする。
- 必要な情報を与えない、隠す、とどこおらせる。
- 自分の利益につながりそうなことだけをアドバイスをする。
- 他の人々に、中身のないかたちばかりの支援をする。
- イベント、会議、意思決定、計画から、他の人々をそれとなく締め出す。
- 他の人々が失敗したり、間抜けに見えたりするように仕組む。

▶重大な政治的失態
- 悪い知らせで上司を驚かせたり、悪い知らせを隠したりする。
- 上司を迂回する戦術をとる。
- 上司に対して不誠実である。
- 上司や上層部について不満を言う。
- 過度に熱心である、要求が多い。
- 内密の話を漏らす。
- 泣きごとや不満を言う、批判をする。
- 上司や上層部からの申し出を断る。
- 上司が固く守っている信条に対して、疑問を呈する。
- トラブルの種をまく。

図表6-9のチェックリストは、職場を政治で混乱させる行為を概観したものです。どのような行動を避けるべきかが把握できるでしょう。

こうしたよこしまな行為や失態を避け、うまくやっていくために、次のように前向きな行動をとりましょう。

- 有力者と協力関係を築く。
- 自分の権利、利益、ニーズ、リソースを断固として守る。
- 適切な場面で、交渉、妥協、あるいは譲歩をする。

政治ゲームで勝つための40の法則

マイケル・ドブソンとデボラ・ドブソンは『賢明な社内政治』の最終章で、社内政治というゲームで成功するための40の法則を紹介しています。これらの法則はまれに破らなくてはならないこともあるが、それはやむを得ない理由があるときに限ると、彼らは警告しています。

法則は、「自分の考えに集中し、自分の現状を分析するモデルとなり、ジレンマを解消する選択肢を見つける」ためのものです。簡単に説明しましょう。

❶ そうあるべきだ、あってほしいと自分が願うことではなく、あるがままの事実に対応する。政治的な戦略プロセスは、なぜそうなっているのか、誰が利益を得るか、変化を阻む要因は何かを書き出すことから始まる。状況を変えるために計画を策定するのは、それからである。

❷ 相手の立場で考える。他の関係者の観点ですべての状況を見渡す。理想的には、自分自身、他の当事者、そして、「こっそり観察している」第三者という3つの視点が揃うと、政治状況の把握に役立つ。

❸政治の根底にあるゲームを理解する。自ら主導して物事をやり遂げたいなら、政治という手段を使うしかないことを常に忘れないようにする。

❹自分の原則や倫理を確立し、常にそれに沿って生きる。曲げたほうが短期的なメリットとなる場合も、である。自分の原則は、最も効果的な政治のツールとなり得る。

❺組織の方針は尊重しつつも、他人のものではなく、自分の原則と人生を生きる。自分の原則や人格は、内面から生じるものでなくてはならない。すべてのレベルの人々に、組織の方針が理解されることは期待できない。実際、「当社の製品は最高だ」と企業が主張するときのように、組織の方針は往々にして神話に近い。こうした言葉を口にしながら、より現実的な評価を得るために仕事をしなくてはならないが、それを拒めば誰もあなたの話を聞こうとしなくなる。

❻意識的に権力と影響力を獲得する。権力の獲得について前向きに捉える。自分が権力を望む理由を理解し、効果的にそれを使う。

❼政治の舞台にいることについて、自分なりの理由と他の人々の理由を理解する。他の人々が意識的に権力や影響力を求める理由がわかれば、その人々の行動について貴重な洞察が得られる。

❽ゴールを設定する側に立つ。追求したいものが何であれ、ゴールがあったほうがより強く、より有能になれる。定期的に自分のゴールを振り返り、ゴールに到達するための計画や戦略を立てる。

❾自前の情報網を開発する。諜報活動のやり方を心得ておくことは、必要な政治スキルとなる。何が起きているかを説明できる人々、説明してくれる人々、聞き方を心得ていて調査がうまい人々が必要になる。

❿ 両者に有益な Win-Win の解決策に向けて取り組む。政治抗争が終わった後も、たいていの場合は、みんなと一緒にやっていかなくてはならない。可能な限り、他の人々の欲求やニーズを満たすことを目指す。

⓫ 役員室への隠れた鍵を見つける。組織文化を読み解くために、重役になる人々の共通項と、その地位に至った理由も見つけ出さなくてはならない。その答えは一般的に、技術や業務関係のスキル、対人関係スキル、OGやOBとの人間関係の3つに分類される。3つが揃わないなら、自分にできそうな部分を強化する。それでも権力や影響力を拡大できそうにないなら、その環境から離れる。

⓬ 立場を明確にする。政治的になる目的と価値は、何かを実現することにある。リスクがあっても立場を明確にしなければ、そもそも政治的になる意味がない。

⓭ 誰が味方か、対抗者か、同行者か、敵か、中立派かを理解する。なぜ支持者が自分を支持するのか、なぜ対抗者が反論するのかも知っておく。

⓮ 人間関係と共通の利益を、より良いものにするために取り組む。政治的なゴールが何であれ、人間関係や信頼関係を築いていく。敵がまったくいない状況にはならないまでも、敵の数は減らすように努める。

⓯ 友人と敵の存在を忘れない。あなたの友人がメリットを見出し、そのメリットが敵の手に渡らないようにすることが大事である。

⓰ 他の人々のために便宜を図り、人々の好意を受け入れる。人々を助けるために、全力を尽くして信頼を積み重ねていく。そうすれば、その人々の力が必要なときに頼めるようになる。

❶❼正直に話すか、でなければ口をつぐむ。自分の言葉で自分を律しなければ、社内政治家としてのキャリアは短命に終わる。沈黙はしばしば最善策となる。他の人が知っておくべきこと、知る権利のあることを意図的に留め置く場合を除いて、沈黙は不誠実には当たらない。

❶❽利害関係がないものからは遠ざかる。自分が戦うべきところを慎重に選び、自分の身が危うくないのであれば関与しない。例外として、事実をすべて把握し、明らかに不正が行われていることを知った場合、このルールよりも自分の原則を貫くこともある。

❶❾「自分に合った」状況を探す。他の人の言動に影響を及ぼしたいなら、その人を動かすニーズや欲求が何かを知ること以上に貴重な洞察はない。

❷⓪他の人の権力を理解して尊重する。先に提示した自分の権力の性質を確認したのと同じように、次のように問いかけながら他の人の権力の性質を検討してみる。
- その権力はその人物に由来するものなのか、地位や状況から生じているのか。
- その権力は長続きするものか、一時的なものか。
- その権力の大きさや使い方を、本人は自覚しているか。
- その権力の背後にあるゴールは何か。

❷❶既存の関係から始めて、そこからさらに関係を強化していく。他者との関係を改善したければ、これまでになぜもっと良い関係がつくれなかったかを最初に省みる必要がある。そこには必ず理由がある。

❷❷裏切らない。裏切る人は信用されるはずがない。信用されなければ、力を持ちにくいことがわかるだろう。

❷❸不用意に敵をつくらない。そのつもりがなくても、誰かを怒らせてしまっているかもしれない。疑わしいときには聞いてみる。謝罪したほうがよければ謝罪する。そこで得られた知識を使って、今後のために感受性を高めていく。

❷❹愚かさの表れとして説明できることを、悪意のせいだと思ってはならない。無神経な行動や発言の背後にある動機が不確かなら、偏見を持たずに探ってみる。その理由が何であれ、謝罪を引き出して優位に立てるかもしれない。

❷❺自分に反対する人々を尊重する。反対者は権力や影響力を持つ立場にないと思い込むと、自滅することが多い。競争を過大に捉えすぎて判断を誤ってはならない。

❷❻毅然とした態度で素早く（そして、むらなく）脅威に対処する。脅威を「自分を害する人の能力」と捉える軍隊の定義を思い出そう。自分のゴールと地位を脅かすものに注意し、迅速な措置をとる。ただし、こちらを脅すためにとった相手の行為に気づいていることをただ警告するだけで、相手は手を引く場合もある。

❷❼必要に応じて圧力をかける。支えや助けになるという評判をつくっておく。そうすれば、支援が必要なときにはっきりと支援を求めることができて、助けが得られる。

❷❽長いものに巻かれる。これは、自分の信条に反して進めということではなく、むしろ、行きたくない方向に人々を強制的に向かわせることはできない事実を踏まえた現実的な対応である。長いものに少し巻かれたとしても、自分の意図する方向は目指し続け、時とともに影響力を使って他の人々が自分の導く方向へ従うようにする。

❷❾業務の中に隠れた罠がないかを調べる。プロジェクトに同意するということは、単に明確に言及されていることを行うだけではなく、顧客、上司、同僚の隠れた前提にも同意することになる。同意する前に質問して、特に隠れた議題、すぐに利用できないリソースがどのくらい必要か、そのプロジェクトで成果を出すうえで鍵となる関係者にとってどのような便益があるかを探り出す。

❸⓿政治的な環境を調べ、他の人々の行動に影響を与える要因を探す。最初に、人々を特定の方向に導く目標に重点を置くこと。その目標を達成したいという願望によって、人々の振る舞いが決まる。

❸❶変化に対処する術を学ぶ。変革を起こす力や、あの人ならできるはずだという信頼は、勝ち取るべきものである。効果的なコミュニケーションを通して、その変化が顧客や部下にどのような便益をもたらすかを明確にする。

❸❷組織内部のイメージと、それが現実の世界とどう結びついているかを理解する。プロパガンダのデメリットの1つは、それを言い始めた人々が最終的にそれを信じてしまうケースが多いことである。有能な政治家は、懸命に自分自身のプロパガンダを信じ込まないようにしている。競争を決して過信せず、自分の貢献や成果の実態について自分に嘘をつかないことを習慣づける。

❸❸指揮命令系統を尊重する。指揮命令系統は、自分にある程度の権力をもたらす要因の1つである。目上の人の権限を尊重すれば、自分にも正式な権限があることを彼らも比較的認めるようになる。

❸❹自分の業績をアピールする。自分がやり遂げた偉業について、他の人々が注目すると思い込んではいけない。たとえば、新規顧客を見事に獲得したなら、報告書を作成しておく。強引にアピールする必

要はないが、適切なファイルに自分の成功が正式な記録として残るようにする。

㉟自分の評判を守る。評判は重要な政治的な資産である。評判を傷つける可能性のある源泉は2つ、他者と自分自身である。自ら気をつけて、良い評判にふさわしい人間となること。そうすれば誰かがその評判を批判しても、世論が味方してくれるだろう。

㊱新しいことを学ぶ。自らを成長させて、これまで以上に素晴らしい人間になるための政治戦略にしなければならない。政治的スキルがあれば昇進するかもしれないが、その昇進にふさわしいかどうかは、知識の深さによって明らかになる。

㊲肯定的なことであれ否定的なことであれ、言ったことは守る。この規則は子供のしつけにも役立つ。エンドウ豆を食べたらデザートを与えると子供に約束したなら、子供がそれをやり遂げたときにデザートを与えること。逆に、やり遂げなかったときは、与えてはならない。

㊳さまざまな人とランチに行く。ランチで重要なのは、食べることよりも人間関係を築くことである。人脈を広げるためには、時間と経験を使う。

㊴少し先のことを考える。その手順は、第1に、止まって考えること。第2に、他の人のゴールと戦略を考えること。第3に、そこに何らかの問題がないかどうかを確認すること。そのために頭の中で、自分の行動の可能性をあれこれ考えてみる。

㊵時間をかけて計画する。計画を立てないのは、現実が思い通りに進むと思っているからである。計画策定が予期せぬ事態への備えとなると思うなら、実行する。

7 | 問題社員をやる気にさせる

　リーダーシップの最終目標は、自分がやってもらいたいことを人々にやらせることにあります。どうすれば人々はやる気になるのでしょうか。どうすれば元気づけられるのでしょうか。どうすれば人々は、自分と同じ方向へ、力を合わせて向かう気持ちになってくれるのでしょうか。

　すでにあなたの考えを共有し、あなたの練ったゴールや戦略に当事者意識を持っている人々には、あなたのリードに従うための計画や行動指針があれば事足ります。

　しかし、中には問題社員も存在します。彼らは自分で立てた計画以外は、どのような計画であっても欠点を見つけ出し、そんな行動指針では自分があまり目立たないと考え、リーダーと対峙するのを恐れている人々の面前で、あなたをやり込めてやろうと思っています。

　次のシナリオで、問題社員のタイプを整理しておきましょう。

▶引き延ばし屋

　ジョー・ブラウンは、誰でも、どのようなことでも、引き留めようとする。あなたがグループのリーダーとして重要なプロジェクトをやり遂げようとしているのに、ジョーはいつも締切りを延ばしてほしいと頼んでくる。グループがジョーにつけたあだ名は「引き延ばし屋」である。

▶怒りん坊

　グループメンバーのロイス・グリーンはおおむね良い成果を出しているが、問題は、物事が思い通りにいかないときに、あなたや他のメンバーに当たり散らすことである。あなたがロイスに主要顧客のプロジェクトの最新状況を尋ねると、怒ってオフィスから出て行ってしまった。

▶不平屋

イヴァン・ホワイトは、何でもかんでも不満を言う。オフィスのレイアウトは気に食わないし、同僚のプログラム設計のやり方にも文句タラタラ。たった今も、あなたの部門会議のやり方についてぶつくさ言っていた。

▶陰口屋

販売担当マネジャーを務める同僚のノラ・ブラックは、一緒にいるときはとても親しみやすく協力的である。あなたは最近、名前を伏せたうえで部下の顧客サービスのスキルに対する懸念をノラに話した。その直後、あなたのマネジメントスタイルや、あなたの部下の顧客サービスがなっていないと、ノラがあなたの上司に苦情を言ってきたことを聞かされた。彼女があなたのことで文句を言うのは、どう見てもこれが初めてではない。

▶完璧主義者

ピーター・ケリーは、自分は何でも知っていると思っている。あなたがより効果的な情報システムの活用法について助言しようとすると、自分が一番よく知っているといつも主張する。彼は非常に聡明で、その分野の最新知識に通じており、高業績も上げている。しかし、その分野の多くの専門家から、あなたのグループには技術変更が必要だと告げられていた。ピーターの完璧な世界では、現在の技術は最高だというのに。

こうしたシナリオに共通する課題は、彼らに、他の人々のモチベーションを十分に理解し、チームメンバーを支援して貢献するように変わってもらうことです。具体的には、次のことをしなくてはなりません。

▶引き延ばし屋が、どうして前に進めたがらないのかを見極める。

ジョーが他のプロジェクトに参加したときに進展に貢献した例があるかどうかを調べてみる。なぜそのときはできて、ここではできないのか。常に引き延ばしているなら、彼には別の仕事が必要かもしれない。彼の

才能や職業上のゴールが、今の仕事とどの程度マッチしているかを判断する。

▶怒りん坊には、日々の要求と本当のストレスとを区別できるように、手を差し伸べる。
　ロイスが別のかたちでストレスに対処できるように手を貸す。「戦うか、逃げるか」に近い状況、つまり脅威を感じる場合にロイスは怒りを爆発させる。彼女を脇に連れ出し、情報を求めているだけで、追いつめようとしているわけではないと知らせる。そうすれば、彼女が怒りを爆発させると他の人々にストレスが溜まり、チーム全体に悪影響を与えることを、彼女が理解するかもしれない。

▶不平屋を、問題探求者から問題解決者へと変える。
　イヴァンのように文句ばかり言う人には、（よく当てはまる場面を選んで）問題探求がいかに重要なスキルであるかを示す。状況や実践していることが高い基準を満たしていないのに気づくために、鋭い目を向ける人がいるのは良いことだ。目の前のプロジェクトを優先する姿勢が見られたり、問題を是正する提案が続くようならば、それは他の人々にとっても有益だ。

▶陰口屋には、各自のスタイルに合わせたやり方で対処する。
　特定の人や情報に何となく脅威を感じている場合、彼らは受動攻撃的な報復スタイルをとる。直接的な対立は状況を悪化させるだけなので、その人のゴールや願望について情報を引き出すような質問をする。一方、他の人々の権力を弱めるために、意識的にそうした戦術を使う人もいる。そういう人には率直に話して、何を望んでいるのか、どうすればあなたが相互利益となるものを提供できるかを突き止める。

▶完璧主義者には、その提案や成功に対して全責任を負ってもらう。
　ピーターが自分の洞察なしにその提案は生まれなかった、あるいは、

自分のスキルなしに効果的に実行できないはずだと考えているなら、すべての責任を負ってもらうようにする。そうすれば、抵抗するのを少し控えようと思うかもしれない。

　問題社員について視覚的にわかることは、言葉、行動、ボディーランゲージなどの外的な振る舞いにとどまります。しかし、ほとんどの場合、モチベーション不足や問題行動の本当の原因は内部にあるため、簡単に明らかにすることはできません。たとえば、次のような要素が考えられます。

- 自己イメージ
- 価値観
- 願望
- 態度
- ニーズ
- 信条
- 経験
- 解釈

　ただし、問題行動のきっかけは外部にあるかもしれません。私たち自身の振る舞いが、彼らを刺激したり、間違った振る舞いを続けさせてしまうのです。それは、性格が合わないせいかもしれませんし、リーダーシップスタイルやコミュニケーションのとり方のせいかもしれません。唯一の確実な方法は、**問題社員の振る舞いに目くじらを立てるのではなく、一対一で向き合うことです。**

　人間の問題を分析するには、その人について十分に知るとともに、アマチュア心理学者にならないように注意深くバランスをとっていく必要があります。

問題社員の感情をマネジメントする

　これまで述べたポイントを活用して、問題社員に対処するプロセスを説明しましょう。問題社員が目の前にいるとき、次の７つのステップを使って感情を抑え、相手の感情をマネジメントし、問題解決に着手しましょう。

ステップ１：問題社員の言い分を聞く。

　その人の意見に注意向けて、意見に耳を傾け、それから自分の正直な感情をのぞいてみる。「なぜこの行動が問題だと思うのか。別の見方があるか。なぜ自分はこのような反応をするのか」と自問する。

ステップ２：努めて感情的にならないようにする。

　どうしても感情的になりそうなときは、こう言う。「この件の口論で我々の関係を壊すのはやめましょう。この問題を冷静に見られるようになるまで、保留することにしませんか」

ステップ３：説明を求め、より多くの情報を得るために、話を続けてもらう。

　たとえば、こんな言い回しを使う。「もっと話してください」「それはどういう意味ですか」「ほかにも話せることがありますか」

ステップ４：その人が言ったことを認める。聞いたことを言い直す。

　その人の言っていることや感じていることを、自分がどう聞きとったか説明する。「つまり、あなたがおっしゃったのはこういうことですね。そして、こう感じていらっしゃるようですね」

ステップ５：どうすればその問題が解決できるかを本人に質問して、提案してもらう。

　「この問題を解決するには、あなたはどうすればよいと思いますか」

ステップ6：相手の言ったことに同意する。

「あなたがおっしゃる通り……」

ステップ7：その問題と解決策の提案に関する相手の見解を理解してから、自分の見解をつけ加える。

対立的な「しかし」などの文言で始めないこと。それよりも、現状の情報を補うかたちにする。「ここで私見を述べさせていただくと、私が強く感じるのは……」

問題社員に対応するための一般的な注意点は次の通りです。

- 問題行動の本当の理由を確認する。そうした振る舞いはしばしば、より根深い未解決の問題があることを示している。
- 問題解決に向けて一緒に取り組む。彼らの振る舞いを正そうとするだけではいけない。
- その振る舞いを変えたときの、前向きな結果がはっきりと見えるようにする。前向きな振る舞いを促そうとしていることを忘れない。
- 首尾一貫するように努め、長期的なゴールを見失わない。問題社員への対応で、自分自身が行き詰まらないようにする。

リーダーの役割の中で、人々のやる気を引き出すための最後の注意点として、自分の影響力のネットワークについて考えてみましょう。**影響力の使い方を知るのと同じくらい重要なのは、それを使う対象者を知ることです。**

部下のやる気を引き出し、頑張ってもらうために必要な変化を起こすときに、最高の味方となるのはどのような人でしょうか。自分の人脈の中で、ゴール達成に役立つ人は誰でしょうか。人脈の関係図をつくって、自分の取り組みや変革の実行の助けとなる立場にある人々を確認してみましょう。

関係図は、自分が影響を及ぼせる人々や他者に影響を及ぼせる人々を

特定するのに有効なツールです。その図に示されている通り、他の人をやる気にさせるあなたの取り組みは、そうした人々を通じて波及効果が生まれる可能性があります。

　すべては、あなたから始まるのです。

Action Items
第2部のまとめ

　シニアマネジメントになるためには、成長に向けてひと山越える必要がある。シニア以前のスキルだけでは、部下との緊張したやりとりをはじめとする課題は解決できない。次のようなスキルを、確実に自分のものにしよう。

☐ **戦略的な枠組みを開発する。**
　こうした枠組みは、さまざまな場面で直面する選択肢の迷路を通り抜けるうえで参考になる。また、ゴール、職務、役割、人間関係、前進し続けることに対して、整理して捉えるのに役立つ。

☐ **SWOT分析を使う練習をする。**
　現状だけでなく将来的に機会や問題につながる要因や状況、強い部分、努力が必要な分野について、チームが集中できるようになる。

☐ **優先順位を明らかにする。**
　ステークホルダーの期待を満たすためにどのニーズに応えるべきか、公正な優先順位づけの必要性をチームに理解させる。「これはやりすぎで、あれは不十分だ」と率直に認めて、訂正できるようにチームを導く。

☐ **自己評価を行う。**
　リーダーシップ能力を強化する一環として、自分にとって自然なリーダーシップスタイルを知る。MBTIなどの標準ツールは、自分の傾向を把握するのに役立つ。上司と部下が自分をどう見ているのか、なぜそういう見方になるのかを自己評価することも、自分のリーダーシップの特徴を理解するのに有効だが、それらの結果にとらわれすぎてはならない。

☐ **事実と励ましの言葉を使って、明快なコミュニケーションをとる。**
　部下に対して、起こっていることを知らせるだけでなく、全力を出すことが大切な理由も理解させる。

☐ 世代的な違いに常に注意する。
　部下の価値観、職場での優先順位のつけ方、振る舞いは著しく異なっているかもしれない。それでも、みんなが同じ方向に進みたくなるような共通目標を設定することが、あなたの仕事である。

☐ 必要に応じて調整しながら自分のリーダーシップスタイルを活用する。
　別人のように見せるのではない。みんなにリーダーとして首尾一貫していることを認めてもらい、共感してもらえるようにする。

☐ ボディーランゲージを効果的に使う。
　動きや声の特徴はどちらも、あなたの自信の度合い、他の人々への関心、みんなの考えにオープンな姿勢、目の前の職務に向けるエネルギー、さらにはあなたの誠実さに関するサインとなる。

☐ 賢明な社内政治のルールを、すぐに使えるようにしておく。
　対立や緊張がまるでないほど人間関係の良い組織はめったにない。

☐ モチベーションはリーダーシップの一部であることを常に忘れない。
　同じ言葉をかけて同じように励ましても、みんながみんなやる気になるわけではない。常に足を引っ張り、不平ばかり言っている人を解雇すれば、それで片付く問題ではない。奇妙なやり方に見えたとしても、それは「もっと貢献したい」という、その人なりの表現かもしれない。

☐ 自分の影響力のネットワークに留意する。
　味方を知ることだ。自分を助けてくれる人々は、職場に変化をもたらし、計画を実行し、コミットメントのレベルを引き上げてくれる。彼らの行動は組織全体に望ましい波及効果を及ぼすかもしれない。

　すべては自分から始まり、一巡して、本書の最初の教訓へと戻る。マネジャーの役割は他の人々を介して仕事をやり遂げることにある。

用語集

(アルファベット、50音順)

PMBOKガイド(PMBOK Guide)
米国プロジェクトマネジメント協会が発行する、プロジェクトマネジメントの知識体系をまとめた文書。実質的な世界標準となっている。正式名称は『A Guide to the Project Management Body of Knowledge』。本書では、同ガイドの第4版を参照した。

RAM(Responsibility Assignment Matrix)
責任分担マトリックス。プロジェクトの作業と個人・チームを結びつけるために用いる一般的なツールで、役割や分担の割当てを表す。

SWOT分析
組織や個人の、強み(Strengths)、弱み(Weaknesses)、機会(Opportunities)、脅威(Threats)を確認するためのフレームワーク。

WBS(Work Breakdown Structure)
プロジェクトの目的を達成するために必要な仕事を、すべて洗い出して表に整理したもの。

WBS辞書(WBS Dictionary)
WBSの各項目に関する詳細情報を載せた文書。プロジェクトマネジャーやチームメンバー、その他のステークホルダーが、マイルストーンと業績測定について、共通理解を確立するのに役立つ。

クリティカルパス(Critical Path)
フロート(同項目を参照)なしの作業で構成されるパス(経路)。時間通りに活動を始め、時間通りに終えなければ、プロジェクトは終了期限に間に合わなくなる。

クリティカルパス法(CPM:Critical Path Method)
クリティカルパスを分析して、最短の所要時間やスケジュールの柔軟性を算出する。プロジェクトのスケジュールを策定する最も一般的なテクニックで、ほとんどのプロジェクト管理用ソフトウエアに搭載されている。

ゲートレビュー・ボード(Gate Review Board)
プロジェクト管理において、プロジェクトの状況を評価し、プロジェクトの継続や次のゲートに進んでよいかどうかを判断する、ゲートレビュー会議の委員。

傾聴(Active Listening)
コミュニケーションスキルの1つ。ボディーランゲージ、質問や意見の仕方によって、相手の話を熱心に聞いていることを示す。

スコープ(Scope)
プロジェクトマネジメントでは、「プロジェクトで提供する製品、サービス、所産の総体」を意味する(PMBOKガイドより)。

フラット型組織(Flat Organization)
中間管理職のポジションを削減や撤廃することで、上位のマネジャーが直接、スタッフに接するようにした組織構造。

フロート(Float)
他のワークパッケージ(フリー・フロート)や、プロジェクトの終了日(トータル・フロート)に遅延を引き起こすことなく、要素成果物に遅れが出ても構わない時間的なゆとり。

プロジェクトマネジメント・プロフェッショナル(PMP:Project Management Professional)
PMBOKガイドに関する知識とプロジェクトマネジメントの実践経験に基づき、米国プロジェクトマネジメント協会が認定する国際資格。

マイヤーズ・ブリッグス・タイプ指標（MBTI：Myers-Briggs Type Indicator）

個人とキャリア・職務との適合性を見るために用いられる標準的な性格テスト。16タイプに分類される。

要求事項（Requirement）

プロジェクト管理では、「契約書、基準、仕様、その他の正式に定められた書類に沿って、システム、成果物、所産、構成要素で満たすべき条件や能力」（PMBOK ガイドより）という意味である。

リスクレジスター（Risk Register）

プロジェクトに関連するリスクを記載した表。

ワークパッケージ（Work Package）

WBS のより小さな要素。ワークパッケージは、大きくて複雑なプロジェクトを管理するのに役立つ。

[AMA]
アメリカンマネジメントアソシエーション(American Management Association)
創立90年におよぶ最古の本格的マネジメント研究機関であり、世界最大の研修コンテンツを持つ非営利団体。アメリカ、欧州、日本、中国など世界30以上に拠点を置く。ピーター・ドラッカーが終身アドバイザーとして50年以上にわたって支援してきたことでも知られる。

[編者]
エドワード・T・ライリー(Edward T. Reilly)
AMAの社長兼CEO。マグロウヒル、大手マーケティング企業などの幹部を経て現職。

[訳者]
渡部典子(わたなべ・のりこ)
ビジネス書の翻訳、執筆、編集等に従事。慶應義塾大学大学院経営管理研究科修了。研修サービス会社などを経て独立。訳書『リバースイノベーション』(ダイヤモンド社)、『グローバルビジネスの隠れたチャンピオン企業』(中央経済社)、『Personal MBA』(英治出版)、共著『改訂3版 グロービスMBAマーケティング』(ダイヤモンド社)などがある。

アメリカの「管理職の基本」を学ぶ
マネジメントの教科書
──成果を生み出す人間関係のスキル

2013年7月19日　第1刷発行

編　者──エドワード・T・ライリー
訳　者──渡部典子
発行所──ダイヤモンド社
　　　　〒150-8409　東京都渋谷区神宮前6-12-17
　　　　http://www.diamond.co.jp/
　　　　電話／03・5778・7232(編集)　03・5778・7240(販売)

装丁─────デザインワークショップジン
DTP─────中西成嘉
製作進行───ダイヤモンド・グラフィック社
印刷─────堀内印刷所(本文)・共栄メディア(カバー)
製本─────本間製本
編集担当───木山政行

Ⓒ2013 Noriko Watanabe
ISBN 978-4-478-02409-6
落丁・乱丁はお手数ですが小社営業局宛にお送りください。送料小社負担にてお取替えいたします。但し、古書店で購入されたものについてはお取替えできません。
無断転載・複製を禁ず
Printed in Japan

◆ダイヤモンド社の本◆

変化のときこそ、
基本を確認しなければならない！

ドラッカー経営学の集大成を一冊に凝縮。
自らの指針とすべき役割・責任・行動を示し、
新しい目的意識と使命感を与える書。

マネジメント【エッセンシャル版】
基本と原則
P.F.ドラッカー［著］
上田惇生［編訳］

●四六判並製●定価（本体2000円＋税）

http://www.diamond.co.jp/